Peter Häberle
Klassikertexte im Verfassungsleben

Schriftenreihe
der Juristischen Gesellschaft e. V.
Berlin

Heft 67

W
DE
G

1981

Walter de Gruyter · Berlin · New York

Klassikertexte
im Verfassungsleben

Von
Peter Häberle

Vortrag
gehalten vor der
Berliner Juristischen Gesellschaft
am 22.10.1980

W
DE
G

1981

Walter de Gruyter · Berlin · New York

Dr. iur. Peter Häberle
o. Professor für Öffentliches Recht
und Rechtsphilosophie
an der Universität Augsburg

CIP-Kurztitelaufnahme der Deutschen Bibliothek

Häberle, Peter:
Klassikertexte im Verfassungsleben : Vortrag
gehalten vor d. Berliner Jurist. Ges. am 22.
Oktober 1980 / von Peter Häberle. – Berlin ;
New York : de Gruyter, 1981.
(Schriftenreihe der Juristischen Gesellschaft
e. V. Berlin ; H. 67)
ISBN 3-11-008605-0
NE: Juristische Gesellschaft ⟨Berlin, West⟩:
Schriftenreihe der Juristischen...

Satz und Druck: Saladruck, Berlin 36
Bindearbeiten: Berliner Buchbinderei Wübben & Co., Berlin 42

Inhaltsübersicht

Erster Teil
Problem, Ausgangsthesen, erste Begriffserklärungen, Bestandsaufnahme

I. Problem

„Klassikertexte im *Verfassungs*leben" – dieses Thema mag zunächst provozieren. Denkt man doch in einer Stadt wie Berlin bei „Klassikern" zuerst an die Kunst. Und ist doch der Jurist, auch der Öffentlichrechtler, auf Verfassungs- und Gesetztestexte fixiert. Der Gedanke, es könnte (nicht „literarische") andere Texte als *Klassiker*texte von rechtlicher Relevanz geben, liegt jedenfalls in Deutschland nicht ohne weiteres nahe.

Einige z. T. ironische Zitate dürfen uns nicht irre machen, sie mahnen aber zur Vorsicht: „Klassisch ist das Gesunde, romantisch das Kranke (*Goethe*). Oder: „Wir alle zitieren Klassiker, aus Neigung und Freude daran" (*R. W. Emerson*). Und: „Ein großer Klassiker ist heutzutage ein Mann, den man loben kann, ohne ihn gelesen zu haben". Schließlich: „Ein Klassiker ist etwas, das jeder gelesen haben möchte, aber niemand lesen will" (so *Mark Twain*) oder „von dem jeder spricht, den aber niemand mehr liest". Drastisch kommentiert ein Sprichwort: „Der Klassiker im Bücherschrank frißt keinen Hafer, Gott sei Dank!"[1].

---

[1] Bei aller Ernsthaftigkeit des Themas (und seiner Behandlung durch den Vortragenden) sei angemerkt, daß Klassiker und Bildung zwei Seiten derselben Medaille sind, daß also die im folgenden manchmal vorsichtig diagnostizierte „Bildungsbürgerhaftigkeit" auch auf den Vortragenden zu münzen ist. Im übrigen wird im folgenden gleich noch ein weiteres Privileg des Klassikerzitierens in Anspruch genommen: Die Freiheit, die zitierte Stelle nicht zu belegen und die Last des Findens über eine „Bildungsbürgervermutung" dem Leser aufzuerlegen. Vgl. aber im übrigen zu den oben im einzelnen zitierten Aphorismen: *J. W. v. Goethe: ders.:* Reflexionen und Maximen, 864, in: Goethes Werke Bd. XII, Hamburger Ausgabe *(Ch. Wegner)*, 6. Aufl. 1976 (S. 487). *R. W. Emerson: ders.:* Letters and Social Aims, Progress of Culture, Quality and Originality (1876). *G. K. Chesterton: ders.,* Ein Stern fiel vom Himmel. Aphorismen und Paradoxa, o. J., S. 164. Das letzte Zitat ist offensichtlich der Ausspruch eines im Lebenskampf stehenden Bauern, dessen Lebensinhalt von der bürgerlichen Hochkultur

8

Im nicht-juristischen Feld hat das Klassische derzeit (wieder) „Konjunktur". Dies dürfte in einem weiteren kulturellen Zusammenhang stehen mit der „Wiedergewinnung des Erzieherischen" (ein schon 1972 von *H. Maier* gegebenes Stichwort[2]), mit der jüngsten Diskussion um das Studium generale (die Pläne von *H. Küng* und *W. Jens* in Tübingen[3]) oder mit der wiederbelebten Frage nach dem allgemeinen Bildungsauftrag der Schule. Auf dem Buchmarkt und in den Feuilletons großer Tageszeitungen ist der Topos „Klassiker" fast schon „Mode"[4]: 1980 erschien das Diogenes-Lesebuch klassischer deutscher Erzähler von Wieland bis Kleist, von Grimm bis Hauff; angesichts des Beethovenfestes in Bonn schrieb die FAZ von der „Annäherung an einen Klassiker"[5]; anläßlich der Schillertage in Mannheim fragte sie: „Einen Klassiker spielen – aber wie"[6], und in vielen nichtjuristischen Wissenschaften erscheinen Klassikerausgaben[7]: jeweils Bände über „Klassiker der Päd-

---

nicht anerkannt wird, und der seine daraus resultierende Aggression in diesem Spruch zum Ausdruck bringt. Formal akzeptiert er den Klassiker im Bücherschrank, unterminiert ihn aber durch das Anlegen von Bewertungsmaßstäben aus *seiner* Lebenswelt.

[2] Jetzt in „Anstöße", Beiträge zur Kultur- und Verfassungspolitik, 1978, S. 345 ff.

[3] S. etwa *H. Thielicke*, Leserbrief in FAZ vom 13. 9. 1980. – S. auch FAZ vom 27. 8. 1979, S. 3: „Carstens für mehr Klassiker im Unterricht!"

[4] Ein Indiz dafür ist, daß in Zeitungsfeuilletons bekannte Autoren *neue* Essays über Klassiker ausarbeiten, s. z. B. *G. Maschke*: Der Souverän ist die öffentliche Seele, FAZ Nr. 208 vom 1. 12. 1979, Beilage: Bilder und Zeiten, S. 1 f. (über *Hobbes*), – z. T. werden auch Klassiker zu aktuellen Problemen abgedruckt: FAZ vom 28. 8. 1979, S. 19 (Deutsche Nöte, „J. W. v. G.").

[5] FAZ vom 14. 6. 1980, S. 27, s. a. FAZ vom 11. 10. 1970, S. 27, zu einer Auseinandersetzung von *P. Hacks* mit Goethe. S. auch die „Welt" vom 30. 10. 1980, S. 19: *F. Engels* in der „Welt"!

[6] FAZ vom 5. 5. 1980, S. 23. – Ein Klassiker wie *F. Schiller* provoziert immer neue Interpretationen (vgl. etwa FAZ vom 16. 2. 1980, Literaturbeilage: „Die Auseinandersetzung mit Schiller hält an – neue Interpretationen"), ja, er beweist vielleicht eben dadurch seine Klassizität. Vgl. zuletzt *P. Schneider*, Die Staatstheorie in Friedrich Schillers Wilhelm Tell, in: FS f. Kägi, 1979, S. 351 ff.

[7] Der Klassikerbegriff verheißt nach wie vor viel. Dies wird auch von der Werbung ausgenutzt. Man denke etwa an die (mittlerweile fast „klassisch" zu nennende) Bezeichnung der Bibliothek Suhrkamp als „Klassiker der Moderne" – ein schönes Paradoxon – oder an die allgegenwärtige Werbung für „Klassikerausgaben". „Klassik" meint hier das Fundierte, das Wissenswerte, das Bildende, das in keinem Haushalt fehlen darf; mit Klassikern sind die hehren Kulturschätze bezeichnet. S. auch „Klassiker der Entdeckung", 4 Bände, *H. Barth, S. Hedin, A. von Humboldt, F. Nansen*, 1980 (F. A. Brockhaus) oder FAZ vom 17. 5. 1980:

agogik"[8], „der Kunstsoziologie"[9], des soziologischen[10] oder des politischen Denkens[11,12].

Auch die Juristenwelt hat das „Klassikerfieber" gepackt. Rezensenten vergeben das Klassikerprädikat als höchste Auszeichnung vorwiegend Verstorbenen (Kollegen), ganz selten schon Lebenden. So begrüßt U. *Everling* H. P. *Ipsens* Meisterwerk „Europäisches Gemeinschaftsʳecht" (1972) – übrigens mit Grund – als „großen" Klassiker[13], und in einer „Rechtstheorie für Studenten" gibt es eine Art „Tafel" zu den Klassikern der Rechtstheorie von *Solon* bis *Rödig*[14].

Nähern wir uns dem Thema „Klassikertexte im Verfassungsleben"[15], so empfiehlt sich eine Unterscheidung: einerseits die Erarbeitung rechts-

---

Klassiker in Werkausgaben „Hofmannsthal, Schnitzler, Broch". – S. noch H. *Friedrich*, Drei Klassiker des französischen Romans, Stendhal, Balzac, Flaubert, 8. Aufl. 1980.

[8] Hrsg. von H. *Scheuerl*, 1. Bd.: Von Erasmus von Rotterdam bis Herbert Spencer, 1979; 2. Bd.: Von Karl Marx bis Jean Piaget, 1979.

[9] Klassiker der Kunstsoziologie, hrsg. von A. *Silbermann*, 1980. – S. auch den Bericht von K. *Adam* in FAZ vom 22. 9. 1980, S. 23, über den 20. Deutschen Soziologentag in Bremen, wonach N. *Elias*, dessen Hauptwerke 30 bis 40 Jahre zurückliegen, „dem großen, aber ungestillten Verlangen nach einem Klassiker und klassischen Methoden" entsprach.

[10] D. *Käsler* (Hrsg.), Klassiker des soziologischen Denkens, 2 Bde., 1978; R. *Aron*, Hauptströmungen des klassischen soziologischen Denkens, Montesquieu, Comte, Marx, Tocqueville, 1979.

[11] H. *Denzer*/H. *Maier*/H. *Rausch* (Hrsg.), Klassiker des politischen Denkens, Bd. 1: Von Plato bis Hobbes, 1968 (5. Aufl. 1979); Bd. 2: Von Locke bis Weber, 1968 (4. Aufl. 1979). Vgl. auch den Band: Grundprobleme der großen Philosophen, Philosophie der Neuzeit I, hrsg. von J. *Speck*, 1979, und darin besonders *Baruzzi* (S. 74 ff. zu Hobbes), – sowie N. *Hoerster* (Hrsg.), Klassische Texte der Staatsphilosophie, 2. Aufl., 1979. Für M. *Stolleis*, Staatsdenker im 17. und 18. Jahrhundert, 1977, S. 8, hat Deutschland keine „Hierarchie von Klassikern".

[12] Auch im Ringen um Deutschland spielen die Klassiker eine Rolle: Kirche und sozialistischer Staat finden sich bei der Vorbereitung des 500. Geburtstages von M. *Luther* in einem gemeinsamen Komitee, dem gegenüber sich der DDR-Parteichef E. *Honecker* darauf beruft, daß „deutsche Aufklärer und Klassiker" den „progressiven Inhalt der Lehren Luthers aufgriffen" (zit. nach FR vom 9. 7. 1980, S. 14), und die FAZ klagt (vom 2. 4. 1980, S. 26), wir seien drauf und dran, die Klassiker der deutschen Literatur an die DDR zu verlieren.

[13] In: Der Staat 13 (1974), S. 73 (74). S. auch die Apostrophierung des Lehrbuches von K. *Hesse* als „Klassiker" durch J. A. *Frowein*, DÖV 1978, S. 530.

[14] So bei K. *Adomeit*, Rechtstheorie für Studenten, 1979, S. 186.

[15] Erste Hinweise in: P. *Häberle*, Verfassungsinterpretation als öffentlicher Prozeß – ein Pluralismuskonzept (1978), in: ders., Verfassung als öffentlicher Prozeß, 1978, S. 120 (123); ders., Staatslehre als Verfassungsgeschichte (1977),

und staatsphilosophischer Aussagen bei primär *nichtjuristischen* „Dichtern und Denkern". Beispiele sind die Untersuchungen des Rechts- und Staatsdenkens bei *Camus*[16] oder *Novalis*[17], aber auch *Erik Wolfs* Schrift „Vom Wesen des Rechts in deutscher Dichtung: Stifter, Hebel, Droste" (1946). Hierher gehört ein Versuch über „Goethe als Jurist und Staatsmann"[18] und der vor Ihrer Berliner Juristischen Studiengesellschaft gehaltene Vortrag von *A. Blomeyer* „E. T. A. Hoffmann als Jurist" (1978)[19] sowie *A. Hollerbachs* Freiburger Dissertation über den Rechtsgedanken bei Schelling (1957).

Andererseits ist nach *genuin juristischen* Klassikern zu fragen, etwa im Sinne von *Hugo Sinzheimers* „Jüdische Klassiker der deutschen Rechtswissenschaft" (1953) oder von *Erik Wolfs* „Große Rechtsdenker der deutschen Geistesgeschichte"[20].

Gehen wir jetzt entschlossen auf die Staats- und Verfassungslehre in Deutschland zu, so dürfte manch einer zögern. Auf *W. von Humboldt* und *G. Jellinek* mag man sich als Klassiker (der „Allgemeinen Staatslehre") noch einigen können, aber schon bei Namen wie *C. Schmitt* oder *H. Kelsen, R. Smend* oder *H. Heller* beginnen Vorbehalte: mangels allgemeinen Konsenses, vielleicht auch wegen werkimmanenter Widersprüche und gebrochener Wirkung, wegen persönlich-politischer Fragwürdigkeit (so wohl bei *C. Schmitt*) oder wegen der grundgesetzlichen Wende gegen den „staatsrechtlichen Positivismus" (so in Bezug auf *H. Kelsen*): All dies, zusammen mit einer gewissen Zeitnähe, mag uns daran hindern, in unserer Apostrophierung jene Grenze zu überschreiten, die den einflußreichen *Rechtslehrer* vom Klassiker trennt.

Der *Wandel* der Auslegung von Verfassungs- und Gesetzestexten ist viel behandelt worden, auch die Faktoren dieses Wandels. Versuche,

---

ebd., S. 348 (351); *ders.,* Recht aus Rezensionen, in: *ders.,* Kommentierte Verfassungsrechtsprechung, 1979, S. 1 (50).

[16] Vgl. *G. Stuby,* Recht und Solidarität bei A. Camus, 1965.

[17] Zu Novalis: *Hans Wolfgang Kuhn,* Der Apokalyptiker und die Politik, Studien zur Staatsphilosophie des Novalis, 1961.

[18] Von *R. Weber-Fas,* 1974. Vgl. zur nicht-sprachlichen Kunst auch *Th. Würtenberger,* Albrecht Dürer. Künstler, Recht, Gerechtigkeit, 1971.

[19] Zu *H. v. Kleist: G. Geismann,* in: Der Staat 17 (1978), S. 205 ff. – Selbst *L. Thoma* kommt schon in Klassikernähe, vgl. FAZ vom 8. 10. 1979, S. 24: „Das Klassische an Ludwig Thoma" (Fernsehbericht).

[20] 1. Aufl. 1939, 4. und letzte Aufl. 1963. *E. Wolf* verzeichnet keinen Verfassungsrechtler – was vielleicht sehr „deutsche", nicht nur autorenbegründete Ursachen hat (?).

den Zeitfaktor zu umschreiben, werden häufiger[21]. Und doch ist die
Frage nach dem Stellenwert „großer" Klassikertexte im Rahmen der
Verfassungsinterpretation (und -politik) wenig berührt worden. Leben
sie beliebig „neben" den Verfassungen als bloßes Zitierritual? Dienen
sie als „Steinbruch" für subjektive Einfälle der Verfassungsinterpreten
und -politiker, oder haben sie eine – näher zu untersuchende – eigene
Geltungskraft? Wenn ja – in welchem Verhältnis stehen sie zum Normtext?

Das Thema „Klassikertexte im Verfassungsleben" darf freilich nicht
als große Retrospektive mißverstanden werden. Es gibt auch *neue*
Klassiker, auch werden alte Klassikertexte durch *neue* Interpretationen
neu wirksam[22], schließlich entsteht Neues durch die Veränderungen der
Sicht, in der mehrere Texte verschiedener Klassiker gegeneinander
gestellt werden und dadurch neu wirken[23]. Entscheidend ist, daß der
Blick des Verfassungsjuristen für Texte geschärft wird, die (fast) wie
Verfassungstexte wirken, ohne durch einen ausdrücklichen Akt des
Verfassunggebers in Kraft gesetzt worden zu sein.

II. Sieben Ausgangsthesen

Die sieben Ausgangsthesen lassen sich wie folgt formulieren:

1. Klassikertexte, wie die Schriften von *Locke* und *Montesquieu*,
Sieyès und *Kant*, aber auch „Gegen"-Klassiker wie *Hobbes* und *Rousseau*

---

[21] Vgl. dazu *P. Häberle*, Zeit und Verfassung (1974), Anm. 15 (1978), S. 59 ff.;
zuletzt *W.-R. Schenke*, Verfassung und Zeit, AöR 103 (1978), S. 566 ff.

[22] Vgl. *Herbert Marcuse*, Der eindimensionale Mensch, 1967, S. 3: „... Indem
die Klassiker wieder lebendig werden, werden sie als etwas anderes lebendig als
sie waren; sie werden ihrer antagonistischen Kraft beraubt". Von „wilden und
geheimnisvollen Dimensionen" der Klassiker spricht der Regisseur *C. Peymann*,
in: Der Spiegel Nr. 37, 8. 9. 1980.

[23] Nicht selten ist der Versuch, Klassiker untereinander in ein (fiktives)
Gespräch zu bringen, Beispiele bei *M. Joly*, Macht und Recht, Macchiavelli contra
Montesquieu, Gespräche in der Unterwelt, 1979; *D. Suhr*, Bewußtseinsverfas-
sung und Gesellschaftsverfassung, 1975, S. 172 ff. (ein „Verständigungsdialog"
zwischen Marx und Hegel). Reizvoll ist auch die Verwendung eines falschen
Klassikers als Verfremdungseffekt, s. z. B. *R. Dahrendorf*, Lob des Thrasymachos, in: *ders.*, Pfade aus Utopia, 1968, S. 299. Manchmal wird dann auch diese
Verfremdung von der wissenschaftlichen Entwicklung entfremdet, so vielleicht
bei *Dahrendorf*; s. jetzt zu Thrasymachos *G. Michaelides-Nouaros*, A New Evalua-
tion of the Dialogue between Thrasymachus and Socrates, ARSP LXVI (1980),
S. 329 ff.

12

oder *Marx* werden nicht zufällig „faktisch" im Entstehungs- und späteren Interpretationsprozeß verfassungsstaatlicher Verfassungen einflußreich, sie haben eine legitime – begrenzte – Geltungsweise normativer Art. Sie gelten im Kontext von Verfassungen kulturspezifisch und sind mit Hilfe kulturwissenschaftlicher Arbeitsmethoden zu erschließen[24].

2. Während die goßen Namen und Texte allzu selbstverständlich, ja „naiv" immer wieder zitiert werden, wurde bislang, soweit ersichtlich, nicht die Frage gestellt, was eigentlich dazu *legitimiert*, sie im Verfassungsleben zu verwenden: vom politischen Prozeß, z. B. einer Bundestagsdebatte über das „richtige" Verfassungs- oder Demokratieverständnis bis zum Richterspruch des BVerfG, von der Festrede des Bundespräsidenten bis zum Parteitagsbeschluß. Nur wenn man sich die Breite und Tiefe von Sache und Prozeß „Verfassungsleben" i. S. der Breite des Pluralismus der Verfassungsinterpreten und der Tiefe einer Kultur vor Augen hält, wird man die Vielfalt der Erscheinungsformen juristischer Klassiker(texte) unterscheiden können. Zum Verfassungsleben gehören Personen und Institutionen – hinter denen natürlich immer Personen stehen.

3. Klassikertexte sind *„Verfassungstexte" im weiteren Sinne*, d. h.: im Zusammenhang mit dem – interpretationsbedürftigen – Verfassungstext wirken sie als „geschriebener Kontext", so wie es weiterer Hilfsmittel, etwa Interpretationsmethoden, Vorverständnisse, Zusatztheorien, anderer Kontexte bedarf. Klassikertexte sind insbesondere Stifter von Paradigmen i. S. *T. S. Kuhns*[25]. Sie benennen Probleme, liefern *Teil*aspekte für Problemlösungen[26]. Eine inhaltliche Leitidee wie die Gewaltenteilung *Montesquieus* wirkt durch ihre Erweiterung und Erneuerung (z. B. durch *W. Kägi*[27]). Klassiker helfen den „Verfassungsinterpreten im weiteren Sinn", d. h. dem Bürger im Umgang mit der Verfassung. Jede verfassungsstaatliche Verfassung hat ihre unverzichtbaren Klassikertexte.

---

[24] Speziell zum kulturwissenschaftlich zu erarbeitenden Deutschlandbegriff: *P. Häberle*, VVDStRL 38 (1980), S. 114–117 (Diskussion).
[25] *T. S. Kuhn*, Die Struktur wissenschaftlicher Revolutionen, 3., mit der 2., rev. Aufl. identische Aufl., 1978.
[26] Dies mag *J. Habermas* bei dem Dictum im Sinn gehabt haben, das Moderne behalte einen geheimen Bezug zum Klassischen, *ders.*, Die Moderne – ein unvollendetes Projekt, Die Zeit Nr. 39, 19.9.1980, S. 47.
[27] *W. Kägi*, Von der klassischen Dreiteilung zur heutigen Gewaltenteilung (1961), jetzt in: *H. Rausch* (Hrsg.), Zur heutigen Problematik der Gewaltenteilung, 1969, S. 286 ff.

4. Angesichts der nicht seltenen Verabsolutierung von Teilwahrheiten in Klassikertexten und des Kompromißcharakters der Verfassungen und angesichts ihres Wandels ist *je neu* nach „alternativen" Klassikerpositionen bzw. ihrer Neu-Interpretation zu fragen, ehe eine konkrete Problemlösung versucht wird; Klassiker haben ihre Gegenklassiker!

5. Mit dieser Maßgabe sind Klassikertexte eine *Bereicherung* des Verfassungslebens und ein „Wachstumsbegriff" (*H. Kuhn*[28]); sie tragen und modifizieren einzelne positivrechtliche Institute und ihre höchst zeitgebundenen Dogmatiken. Sie ermöglichen eine *Rationalisierung* des Verfassungslebens, sofern etwaige Gefahren benannt werden.

6. Klassikertexte sind eine besonders *bürgernahe* Weise und Gestalt, in welcher der Bürger „seine" Verfassung kennenlernen kann. Ein Satz von *Montesquieu* oder *Locke*, aber auch von *Friedrich Schiller* zur Gewaltenteilung bzw. Freiheit oder von *Lessing* zur Toleranz[29], vermittelt dem Bürger seine Verfassung besser und gründet sie tiefer als jedes noch so bedeutende Fachlehrbuch. Klassikertexte machen Verfassungen zum kulturellen Erbe und Auftrag für uns alle, zum „lebendigen Besitz". Sie sind Teil unseres Kulturbildes und gespeichert im „kollektiven Gedächtnis" (*Walter Jens*) unseres Volkes. In der offenen Gesellschaft der Verfassungsinterpreten bestimmen wir letztlich alle – auch in der Generationenfolge – wer Klassiker ist und wird. Das Bezugssubjekt des Klassischen sind wir.

7. Klassikertexte, d. h. staats- und rechtspolitische sowie verfassungstheoretische Werke großer Dichter, sind eine Form der Vermittlung von *Erfahrung*[30] und *anthropologisch* begründet, sie sind aber auch in der Zeitdimension offen: die Klassikerqualität ist nicht exklusiv-retrospektiv, sie hat auch Zukunft. Es gibt keine geschlossene Gesellschaft der Klassiker im Verfassungsstaat.

III. Erste Begriffsklärung

Angesichts so vieler Klassiker, so vieler Klassik, stellt sich die Frage, was wir denn eigentlich meinen, wenn wir von Klassikern oder Klassik

---

[28] Klassisch als historischer Begriff, in: *W. Jaeger* (Hrsg.), Das Problem des Klassischen und die Antike, 1931, S. 112.

[29] Zum Toleranzproblem unter Hinweis auf *Lessing, Locke* u. a.: *F. Werner*, Recht und Toleranz, in: *ders.*, Recht und Gericht in unserer Zeit, 1971, S. 420 (422 f.); ebd., S. 430 auch der Hinweis, Inhalt und Fassung des Art. 2 GG seien aus solchem Geist (sc. der Toleranz) geboren. Er sei „im Grunde eine klassische Wiedergabe der *Kant'schen* Lehre von der Politik".

[30] Zum erfahrungswissenschaftlichen Ansatz vgl. meinen Freiburger Vortrag, Anm. 15 (1978), S. 125 f., 139.

reden. Die Antwort ist in zwei Stufen zu geben: Zuerst soll versucht werden, anhand der *zweifelsfreien* Apostrophierung deskriptiv einige Merkmale des „Klassischen" zu erfassen; sodann soll, mit diesen entwikkelten Merkmalen, in Rechtstexten, d. h. Gesetzesberatungen, Gerichtsentscheidungen und wissenschaftlichen Veröffentlichungen nach Klassikern und Klassischem geforscht werden: Aus den Zusammenhängen, in denen Klassiker erscheinen, aus der Art der Verwendung wird dann ersichtlich werden, welches Leben die Klassiker im Verfassungsleben führen und vor allem, woher sie die Legitimation zu ihrer „Lebensführung" nehmen, bzw. welche Lebensführung ihnen eigentlich zukäme.

Beim Gebrauch des Klassikerbegriffs ist zwischen zwei unterschiedlichen Verwendungsweisen zu differenzieren: „Klassiker" einmal als *Wertbegriff*, zum anderen als *Erfolgsbegriff*[31]. Die Klassikereigenschaft meint im ersten Fall, daß bestimmten inhaltlichen Anforderungen Genüge getan ist. „Klassisch" wird zum Synonym für bestimmte überragende Qualitäten (in Intuition und Realisation). Auf der anderen Seite wird „klassisch" als beschreibender Begriff verwendet, der benennt, daß bestimmte Autoren (oder Künstler) weitgehende Anerkennung gefunden haben und die Maßstäbe, die sie ihren Werken zugrunde gelegt haben, von einer Gemeinschaft für verbindlich erachtet wurden. Beide Aspekte hängen zusammen. Allgemeiner Erfolg ist mit begründet in der faktischen Gültigkeit bestimmter inhaltlicher Maßstäbe. Die Verwendung des Klassikerbegriffs läßt sich in vielen Fällen deswegen nicht eindeutig der wertenden oder der rein deskriptiven Verwendungsweise zuschlagen; der oszillierende Sprachgebrauch ist aber durch das Bewußtsein von den beiden extremen Punkten zu rationalisieren[32].

---

[31] S. auch *T. W. Adorno*, Zum Klassizismus von Goethes Iphigenie, in: *ders.*, Noten zur Literatur, Gesammelte Schriften Bd. 11, 1974, S. 495 ff., nach dem der Begriff des Klassischen „Authentizität des ästhetisch Verwirklichten" meint und insofern „mehr ausdrücken soll, als akkumulierten Erfolg". *Adorno* unterscheidet hier also einen inhaltlichen Begriff des Klassischen, klassisch als Ausdruck einer bestimmten Qualität, von einen formalen Begriff des Erfolg-Habens, S. 495.

[32] *K. H. Halbach*, Zu Begriff und Wesen der Klassik, in: FS Paul Kluckhohn und Hermann Schneider, 1948, S. 166–194, kommt immer wieder zurück auf das Oszillieren des Begriffs zwischen Wertbegriff und historischem „Wesensbegriff"; der Klassikbegriff habe immer an beiden Eigenschaften teil, dabei (S. 169) sei von Anbeginn der Begriff des Werthaften mit angelegt gewesen. Er selbst vertritt eine vermittelnde, beide Momente aufnehmende Position (S. 172 f.). Beispielhaft das Zitat auf S. 178: „Hier zeigt sich nun doch eine prä-stabilisierte Harmonie zwischen wertmäßiger Klassizität und griechischer „Klassik". *Halbachs* Erörterungen an verschiedenen Klassiken auf ganz verschiedenen Gebieten bietet Ansatzpunkte für eine kulturgeschichtliche und/oder wissenssoziologische Arbeit, s.

Insgesamt: der „Klassiker" oder das „Klassische" scheint gekennzeich-
net durch etwas Exemplarisches, Herausragendes, Weiterwirkendes, in
gewissem Sinne Zeitloses. MaW.: Der Klassikerbegriff verlangt einen
Kanon gesicherter Traditionen, die zumeist in (diese oder jene) Gegenwart hineinreichen. Dieses „Hineinreichen in die Gegenwart" gibt uns
auch die beiden nächsten Stichworte. *Zum einen:* Zwar reichen die
Klassiker in die Gegenwart hinein, sie sind aber nicht Teil der Gegenwart wie noch lebende, noch schreibende Autoren: ihre Wirkung ist
abgeschwächt, ihre Spuren sind zwar nicht gänzlich verwischt, aber von
der Zeit in ihren klaren Konturen aufgelöst, sie stehen mehr für
Problembenennungen als für Problemlösungen. *Zum anderen:* Schon
These 1 qualifizierte Vertreter ganz gegensätzlicher Positionen als „Klassiker"; das wurde mit dem Terminus „Gegenklassiker" fortgeführt. Es
gibt Klassiker und Gegenklassiker, nicht nur zwischen den weltanschau-
lichen Blöcken, sondern auch innerhalb der westlichen Demokratien,
wie z. B. die Gegenüberstellung von Grundgesetz – geprägt vom Demokratieverständnis von *Montesquieu* – und den Länderverfassungen –
eher gestaltet von dem plebiszitären Demokratieverständnis *Rousseaus* –
zeigt. Dieser pluralen Geltung der Klassiker im vertikalen Schnitt durch
das Gemeinwesen entsprechen auch Geltungsänderungen in der Zeit-
achse: Viele Klassiker erlebten Perioden des Vergessenwerdens und
dann wieder der Renaissance, wie besonders das Wiederaufkommen
marxistischen Gedankenguts Ende der 60er Jahre in der Bundesrepublik
zeigt.

1. Zur Begriffsgeschichte

Ein Wort zur Begriffsgeschichte[33]: Das Wort „klassisch" geht zurück
auf das lateinische „classis": Klasse in verschiedenen Bedeutungen,

insbesondere S. 184 ff. Klassische Epochen wachsen unter – im einzelnen präzise
herauszuarbeitenden – Bedingungen. A. *Silbermann* schreibt im Vorwort der von
ihm herausgegebenen „Klassiker der Kunstsoziologie", 1979, S. 8 über „klassische
Texte", daß es sich um historische Texte handele, welche eine relevante Basis für
theoretische, praktische oder forschungstechnische Zwecke bieten, welche als
faszinierend und auch als lohnend, für welche Zwecke des Forschers auch immer,
anzusehen sind. – Klassiker sind in diesem Sprachgebrauch mithin Texte, respek-
tive Autoren, die seit einiger Zeit als wichtig und nützlich sich erwiesen haben. S.
auch *H. Sinzheimer*, Jüdische Klassiker der deutschen Rechtswissenschaft, 1953,
S. 241: Klassiker als „kritische" Wissenschaftler ihrer Zeit, die aber ihrerseits
„systemschöpferisch" gewesen seien.
[33] Vgl. zum folgenden Text: Duden-Etymologie, 1963, Stichworte Klasse,
Klassisch; Historisches Handwörterbuch der Philosophie, Bd. 4, Art. „Das Klas-

militärische Abteilung, Heer, Flotte, Geschwader; das zugehörige
Adjektiv „classicus" bezeichnet in der Steuer*klassen*(!)einteilung der
römischen Bürger durch *Servius Tullius* gemäß ihrem Vermögen (dem
sog. Census) die ersten beiden Klassen. (Die Angehörigen der untersten
Klasse wurden bekanntlich als „proletarii" bezeichnet.) Bereits in römi-
scher Zeit wurde der Begriff übertragen und in verallgemeinerter
Bedeutung benutzt, als „testis classicus": ein besonders glaubwürdiger
Zeuge, und vor allem als „scriptor classicus": ein mustergültiger
Schriftsteller (so bei *Gellius*). Dieser Sprachgebrauch meint die Erstran-
gigkeit, Mustergültigkeit, Vorzüglichkeit.

In der Renaissance wurde dieser Sprachgebrauch weitergeführt und
erneuert. Als vorbildlich und musterhaft galten in der frühen Neuzeit
insbesondere die Schöpfungen der griechischen und römischen Antike,
weshalb diese als „klassisch" bezeichnet wurden. Von hier klärt sich, daß
die gesamte Antike und ihre Produkte mit dem Adjektiv „klassisch"
versehen wurden. „Klassisch" wurde in dieser Bedeutung zum Synonym
von „griechisch-römisch"; z. B. sprechen wir von klassischer Philologie,
von klassischem Theater oder auch dem klassischen Römischen Recht.
Neben dieser z. T. historisch-deskriptiv gewordenen Bedeutung hat sich
auch der wertende Inhalt des Begriffs „klassisch" erhalten. „Klassisch"
sind künstlerische Produkte, die als Muster sich geltend machen, die
Ausdruck einer Hoch-Zeit der jeweiligen künstlerischen Entwicklung
waren. In diesem Sinne werden Epochen der Blütezeit unterschieden
von anderen; so kann man von der griechischen Klassik sprechen und
meint die Zeit des *Perikles*.

Erst später wird der Begriff des Klassischen auch auf künstlerische
Erzeugnisse der Neuzeit angewendet. In Frankreich wird der Begriff
wohl zuerst, und zwar 1548 in einer Poetik, gebraucht: „bons et classiques
poètes français". – in Deutschland bürgert sich der Begriff erst im
18. Jahrhundert ein[34].

Als Sammelbezeichnung für eine künstlerische, insbesondere literarische Blütezeit wird der Begriff der Klassik ebenfalls verwendet. Man

---

sische" (*B. Allemann*); *K. H. Halbach*, Anm. 32; *J. Stroux*: Die Anschauungen
vom Klassischen im Altertum, in: *W. Jaeger*, Anm. 28, S. 1.
[34] 1748 ist er zum ersten Male belegt, bei *Gottsched;* bei *Goethe* findet er sich
vermutlich zum ersten Male 1787 in einem Brief von seiner italienischen Reise;
vgl. dazu: Art. Klassik und Klassizismus, in: Der neue Herder, Bd. 13, Die
Literatur, 1973, S. 543–562 (bes. 544).

spricht von der englischen Klassik und meint das 16. Jahrhundert, der französischen Klassik und meint das 17. Jahrhundert und der deutschen Klassik zur Bezeichnung des 18. Jahrhunderts. Die beiden letzteren, welche die Bezeichnung „Klassik" erhalten, sind nicht zuletzt dadurch charakterisiert, daß sie sich inhaltlich an der Antike, der ursprünglichen „Klassik" orientieren. Von daher erklärt sich auch diese Namensgebung[35].

Erst später wurde der Begriff auch auf andere Gebiete als die der Kunst übertragen. Insbesondere werden wissenschaftliche Epochen, unter einem ganz bestimmten Paradigma arbeitende wissenschaftliche Schulen als „klassisch" bezeichnet – von einem Standpunkt aus, der dieses Paradigma für begrenzt oder gar überholt hält. So spricht man von der „klassischen Physik" und meint die vor-*Einstein'sche* Physik im Gefolge von *Newton;* die „klassische Logik" ist die überkommene Logik (seit *Aristoteles*), die Logik vor der Erneuerung und Formalisierung der Logik etwa durch *Frege;* die „klassische Nationalökonomie" meint die von *A. Smith, R. Malthus, D. Ricardo* u. a. Dieser Sprachgebrauch versteht unter „klassischen" Positionen letztlich veraltete, überwundene[36].

Schließlich ist der Begriff des Klassischen weiter verbreitet[37] und trivialisiert worden, so daß man von klassischen Pferderennen oder

---

[35] *Aus der Literatur noch: H. Rose:* Klassik als künstlerische Denkform des Abendlandes, 1937; *B. Rowland:* The Classical Tradition in Western Art, Cambridge/Mass., 1963; *A. Heussler:* Klassik und Klassizismus der deutschen Literatur, Diss. Bern 1952; *H. Rüdiger:* Klassik und Kanonbildung, in: ders. (Hrsg.), Komparatistik, 1973, S. 127–144; *A. Haueis:* Briefe deutscher Klassiker, Wiesbaden 1952; *J. Hermann/R. Grimm* (Hrsg.): Die Klassik-Legende, 1971. S. auch *H. O. Burger* (Hrsg.): Begriffsbestimmung der Klassik und des Klassischen, Darmstadt 1972; darin der Aufsatz von *E. R. Curtius:* Klassik, S. 17–33 (Auszüge aus *Curtius:* Europäische Literatur und lateinisches Mittelalter, zuerst 1948); er ist insbesonders wichtig für die Begriffsgeschichte, vgl. S. 21: Was hätte die moderne Ästhetik getan ohne den Begriff des Klassikers? Wie wären *Raffael, Racine, Mozart, Goethe* unter einen gemeinsamen Begriff zu bringen? Modern gefragt heißt dies: gibt es funktionale Äquivalente für den Begriff des Klassikers?

[36] Siehe hierzu insbesondere auch *F. Engels:* „Ludwig Feuerbach und der Ausgang der klassischen deutschen Philosophie", MEW 21, S. 263 ff.

[37] Der Begriff des Klassischen gilt auch in der *Musik.* Die Musikgeschichte kennt eine klassische Epoche. Die Musik der musikalischen Klassik erschöpft aber nicht die klassische Musik. Vielmehr hat der Epochenbegriff seinen Namen einem Gattungsbegriff geliehen, der sich von populärer oder auch Unterhaltungsmusik unterscheidet. „Klassische Musik" ist zum (ungefähren) Synonym für „ernste Musik" geworden, welche durchaus auch die Moderne miteinschließt (*Strawinsky, Henze*). Den Kern bilden wohl die Wiener Klassiker *Mozart* und

18

klassischen Radrennen (une classique) spricht; man meint damit eine kleine Zahl von jedes Jahr ausgetragenen Radrennen, etwa Paris–Roubaix, Bordeaux–Paris oder Mailand–San Remo. – In der Wissenschaft wurde der Begriff seines positiven wie negativen Pathos entkleidet und bezeichnet häufig nur wichtige Autoren, denen bleibende Aufmerksamkeit gilt. Dies ist auch der Sprachgebrauch, der dem hier verwendeten am nächsten kommt. Der Begriff mit seiner facettenreichen Geschichte läßt sich nicht von seinen anderen Gehalten völlig reinigen, sondern hat diese in stärkerem oder geringerem Maße in sich aufgesogen. Seine Verallgemeinerung im Verlauf der Kulturgeschichte ermöglicht es, auch in der Geschichte der Theorie des Verfassungsstaates Klassikerbenennungen vorzunehmen[38].

2. Zur Begründung eines materiellen Klassikerbegriffs: „Verfassung" vor dem Hintergrund von Klassikertexten

Ein *materieller Klassikerbegriff* verlangt einen Kanon gesicherter Traditionen, einen allgemeinen Konsens über den Vorbildcharakter (vielleicht auch im Persönlichen), das Exemplarische, Herausragende, Weiterwirkende, das in gewissem Sinne „Zeitlose". Für „Klassiker im Verfassungsleben" müßte ein spezifisch *normativer* Anspruch mit Bezug auf den Verfassungsstaat hinzukommen. Die Fragestellung verschärft sich angesichts der *Bindung* an „Gesetz und Recht" bzw. an die Verfassung „als oberstes Gesetz" (vgl. Art. 20 Abs. 3, 19 Abs. 2, 79 GG). Wo

---

Beethoven, ein weit verbreiteter Sprachgebrauch wird dazu aber auch *Bach* und *Händel* einerseits, ja selbst *R. Wagner* andererseits zählen.
[38] Die „klassische" Lehre von der Politik – dazu *W. Hennis*, Politik und praktische Philosophie, 1963; *H. Maier*, Die ältere deutsche Staats- und Verwaltungslehre, 2. Aufl. 1980; *J. Habermas*, Die klassische Lehre von der Politik in ihrem Verhältnis zur Sozialphilosophie, in: *ders.:* Theorie und Praxis, 3. Aufl. 1974, S. 48 ff. – verwendet klassisch ähnlich wie „klassische" Philologie: Bezogen auf die Hoch-Zeit der Griechen und Römer, speziell auf Platon und Aristoteles; Epikureer und Stoa sind schon „nachklassisch". – Der „klassische" Ideologiebegriff beruht auf der sog. Basis/Überbau-Lehre, wie sie auf *K. Marx* zurückgeht (so: *K. Lenk*, Problemgeschichtliche Einleitung, in: *ders.* (Hrsg.), Ideologie, 3. Aufl. 1967, S. 17 ff. (33 ff.). – *E. Fraenkel*, Deutschland und die westlichen Demokratien, 1964, S. 58 ff. hält die „klassische" Theorie der Demokratie für ein Produkt der französischen Revolution (Herrschaft *des* Volkes usw.), die er der englisch-*Schumpeter*schen Konkurrenztheorie gegenüberstellt. – Die „klassische" Periode des englischen Parlamentarismus liegt zwischen 1832 und 1867 (*Fraenkel*, a. a. O., S. 55); (auf sie nimmt *C. Schmitts* Hypostasierung Bezug).

und wie, dank welcher Legitimation und in welchen Grenzen läßt diese positivrechtliche Bindung Raum für Klassikertexte? Können Klassikertexte im Verfassungsstaat „wie Rechtsquellen" wirken? Wie steht es mit ihrer demokratischen Legitimation? Was legitimiert uns, sie „zum GG" hinzunehmen, etwa dessen Zugehörigkeit zum Typus „Verfassungsstaat"? Für wen sind Klassiker Klassiker?

Auf der Suche nach Klassikern im Verfassungsleben fallen uns wegen der nur bedingt „deutschen" Tradition des demokratischen Verfassungsstaates nur wenige deutsche Namen ein: im Blick auf das Grundgesetz etwa *H. Heller* („Sozialer Rechtsstaat") und *R. Smend* („Bundestreue")[39]. Anderes gilt im Blick auf *Montesquieu* und *Rousseau, Locke* und *Hobbes* im europäischen Raum. Ihr unvergessener Berliner Gerichtspräsident *Fritz Werner* sagte einmal mit Recht, der „Geist der Gesetze" sei keine verwaltungsrechtliche Lektüre, sondern ein „kulturhistorisches und politisches Werk und als solches in die Reihe der großen Schöpfungen der abendländischen Geistesgeschichte eingegangen"[40].

Blicken wir auf die USA, so erweisen sich dort Texte eines *Hamilton, Jay* oder *Madison*[41] als wichtige Elemente des (rechts-)kulturellen Erbes, auch *Montesquieu,* in England *John Locke.* Damit ist ein weiteres Stichwort gefallen: Offenbar geht es bei juristischen Klassikertexten nicht (nur) um rechtliche Geltung: Die Geltungsweise reicht in das *Kulturelle* hinein. *Locke* und *Montesquieu*[42] (oder auch *Burke, Mill* und *Tocqueville*) sind unzweifelhaft Elemente des Typus „Verfassungsstaat" als Teil des kulturellen Erbes Europas. Freilich, sie stehen nicht allein:

---

[39] S. auch die Vorarbeit von *C. Schmitt* für Art. 79 Abs. 3 GG (Verfassungslehre, 1928, S. 103) oder für Art. 19 Abs. 1 Satz 1 GG (a. a. O., S. 138 f.); dazu: *H. Schneider,* in: FS für C. Schmitt, 1959, S. 159 ff. (170) unter Hinweis auf *G. Dürig,* JZ 1954, S. 7 (Anm. 17: „ein später, aber klarer Sieg Carl Schmitts").

[40] *F. Werner,* Zum 200jährigen Gedenken von Montesquieus „Geist der Gesetze" (1948), in: *ders.,* Anm. 29, S. 28 ff. (30). – S. aber auch die Meinung *Werners* (ebd. S. 35), es sei „verfehlt, wollte man die Probleme des Verfassungs- und Verwaltungslebens unserer Tage mit einem ‚Zurück zu Montesquieu' lösen". – Weitere Belege für *Werners* Ringen um Klassiker z. B. der Aufsatz „Georg Büchners Drama ‚Dantons Tod' und das Problem der Revolution" (1952), a. a. O., S. 91 ff.

[41] Im „Federalist", hrsg. von *F. Ermacora,* 1958; vgl. dazu *G. Dietze,* The Federalist, 5. Aufl., 1966.

[42] Vgl. *M. Imboden,* Montesquieu und die Lehre von der Gewaltenteilung, 1959, S. 2: „Als einer der Letzten steht Montesquieu in der großen Reihe der dem klassischen Ursprung verpflichtet gebliebenen Staatsdenker".

Sie haben ihre „Antipoden", die nicht minder „Klassikeranspruch" erheben: so etwa *Hobbes* und *Rousseau*. Damit verschärft sich das Problem erneut: Klassiker haben ihre „Gegenklassiker". Sie durchleben Perioden des Vergessen-Werdens oder Veraltens (i. S. überholter Positionen!), aber auch der Renaissance (ähnlich wie in der Kunst): Der Wiederaufstieg der marxistischen Staats- und Rechtstheorie in der Bundesrepublik Deutschland der 60er Jahre und weit darüber hinaus ist ein Beispiel[43]. Kurz: Im Umgang mit Klassikertexten ist offenbar Vorsicht am Platze[44]. Auch hier drohen Einseitigkeiten. Klassikertexte sind oft nur Hinweise auf Probleme, also Problem*benennung*, weniger schon Problem*lösung*. Sie variieren kulturspezifisch, sie haben ihre unterschiedliche Wirk- und Interpretationsgeschichte. Sie stehen nicht selten *„gegeneinander"*: Man denke an das Demokratieverständnis des GG, das weniger *Rousseau* als vielmehr *Montesquieu* zugehört, während das plebiszitäre Moment in Länderverfassungen stärker ausgebaut ist[45].

Da in der Geschichte des Verfassungsstaates der neuzeitliche *Staat* zunächst einmal *etabliert* werden mußte, kommen aber auch Denker wie *Bodin*[46] und *Hobbes* ins Blickfeld. Ihre „Staatlichkeit" ist ein Stück

---

[43] Als anderes Beispiel sei *Alexis de Tocqueville* genannt. Die Theorien dieses schon zu Lebzeiten weltberühmten, 1841 im Alter von 36 Jahren in die Académie Française aufgenommenen Klassikers der Freiheit in Gleichheit fanden immer weniger Beachtung, ehe durch *George W. Pierson*, Tocqueville and Beaumont in Amerika, New York 1938, eine bis heute andauernde weltweite Tocqueville-Renaissance eingeleitet wurde; vgl. zur Wirkungsgeschichte *J. P. Mayer*, Tocqueville heute, und *T Eschenburg*, Tocquevilles Wirkung in Deutschland, in: Alexis de Tocqueville, Über die Demokratie in Amerika, Werke und Briefe, Band 1, Stuttgart 1959, S. XI ff. bzw. XVII ff.; *S. Landshut*, Einleitung, in: Alexis de Tocqueville, Auswahl aus Werken und Briefen, 2. Aufl. 1967, S. XIV f.

[44] Vgl. *W. Muschg*, Die deutsche Klassik, tragisch gesehen (1952), in: *Burger*, Anm. 35, S. 157 ff. (161): „Jede Klassik hat ihre Grenzen – sonst wäre sie keine".

[45] Gegenklassiker sollten dabei nicht i. S. einer (antinomischen) Alternative verstanden werden: Kennzeichen klassischer Werke ist gerade ihre Unauslotbarkeit, ihre auch die Gegenposition reflektierende Tiefe, die oft gegenläufige, sich wandelnde Auslegung der Nachgeborenen erlaubt; Klassiker sind keine pietätvolle Harmonisierungsveranstaltung. So umstrittene Denker wie *Rousseau*, *Hobbes* oder *Hegel* haben ihre verschiedenen Linien, die im geistigen Epochenkampf gelegentlich nur verdeckt werden. Die Schwarz-Weiß-Zeichnung von *Hobbes* etwa bei *M. Kriele*, Einführung in die Staatslehre, 1975, S. 61 ff., 122 ff., 132 ff. scheint daher nicht immer „klassikergerecht" zu sein.

[46] S. etwa *M. Imboden*, Johannes Bodinus und die Souveränitätslehre, 1963, S. 4 f. *Bodinus*, der „neben dem Niederländer *Hugo Grotius* von allen klassisch gewordenen Staatsdenkern unseres Kulturkreises vielleicht am stärksten zur Erhellung der *rechtlichen* Struktur des Staates beitrug".

unverzichtbarer – auch wissenschaftlicher[47] – „Vorgeschichte" des demokratischen gewaltenteiligen *Verfassungs*staates.

Historisch wie sachlich können sie schon deshalb Klassikerrang beanspruchen, auch wenn sich „rechtsstaatlich" bis heute die vordringliche Aufgabe stellte, individuelle Freiheit zu sichern (*Locke, Montesquieu*) bzw. den möglichen Gefahren der Perversion demokratischer Selbstbestimmung zu wehren (*Burke*).

Hegel und *Marx* schließlich erkannten in der Folge der industriellen Revolution die bürgerliche Gesellschaft als Fundament der Staatlichkeit wie der individuellen Existenz und bezogen sie dementsprechend in ihr politisches Denken ein: mit positiven und negativen Konsequenzen bis heute. Das Sozialstaatsprinzip ist weder ohne sie, noch ohne die katholische Soziallehre zu denken.

Auch die großen Staatsrechtslehrer der Weimarer Zeit haben das Gespräch mit den Klassikern ihres Fachs immer wieder gesucht, um zu ihrer Sicht der Probleme zu kommen[48]. Durch die Art der Auswahl unter den Klassikern, die sie selbst treffen, bestimmen sie letztlich ihr eigenes Werk mit[49].

Dieser kursorische Durchgang läßt „klassische" *Elemente des demokratischen Verfassungsstaates* erkennen. Verfassung ist Konstituierung des politischen Gemeinwesens, d.h. von Staat und Gesellschaft mit der Menschenwürde als „Prämisse"; sie ist „Beschränkung und Rationalisierung staatlicher Macht" (so *H. Ehmke*)[50] und – wie man m.E. hinzufügen

---

[47] „Wissenschaften brauchen, ebenso wie andere Berufsstände, ihre Helden und bewahren sehr wohl deren Namen. Glücklicherweise aber konnten die Wissenschaftler, anstatt diese Helden zu vergessen, ihre Arbeiten vergessen oder revidieren." *T. S. Kuhn*, Anm. 28, S. 150; dieses Dictum gilt auch hier.

[48] Vgl. z. B. *R. Smends* „Gespräch" mit *Montesquieu* in: Verfassung und Verfassungsrecht (1928), jetzt in: Staatsrechtliche Abhandlungen, 2. Aufl. 1968, S. 206 ff., 216; mit dem „Federalist", ebd. S. 195, 199. Daneben handelt es sich z. T. um Verdeutlichungstechniken, sozusagen um Personalmetaphern; direkt metaphorisch: *H. Quaritsch*, Das Schiff als Gleichnis, in: FS Stödter, 1979, S. 251 ff., insofern er das Schiff in der politischen Philosophie und Staatslehre vieler Jahrhunderte untersucht und damit ein klassisches Modell oder eine Metapher offenlegt. – Auch die Utopie ist seit ihrem Klassiker *Th. Morus* (1516) ein Begriff für ein bleibendes Grundraster und für die Staatslehre tendenziell notwendig.

[49] Charakteristisch etwa *C. Schmitts* Klassiker *Sieyès*: vgl. *C. Schmitt*, Verfassungslehre, 1928, z. B. S. 77 ff., 92, 203, 237, 243 und zu *Montesquieu* ebd., S. 38, 76, 126, 140, 184 f., 203, 218, 229, 296, 315, 324, 376.

[50] Grenzen der Verfassungsänderung, 1953, S. 103 ff.

muß – Beschränkung *gesellschaftlicher Macht* – darum erweitert sich die staatliche Gewaltenteilung auf den gesellschaftlichen Bereich. Verfassung ist rechtliche Grundordnung des Staates (so *W. Kägi*)[51] *und* der Gesellschaft. Sie ist i. S. *R. Smends* „Anregung und Schranke"[52], aber – wie ich meine – auch öffentlicher Prozeß[53]

Manche derzeit im Kampf um das „richtige Verfassungsverständnis" gegeneinander ausgespielte Momente fügen sich in ein komplexes Gesamtbild: so *U. Scheuners* Verfassung als „Norm und Aufgabe"[54]; *A. Arndts* Wort vom „nicht erfüllten Grundgesetz"[55] verweist auf die verbleibenden Aufgaben, *G. Heinemanns* Dictum vom GG „als großem Angebot"[56] auf die Chancen für den Bürger. Hinzuzunehmen ist der *kulturelle* Aspekt: Als Organisation des freiheitlichen Gesamtzustandes eines Volkes ist die „Verfassung des Pluralismus" mehr als bloß juristisches Regelwerk und Ensemble unverzichtbarer Dogmatiken, mehr als Elaborat hoher Juristenkunst. Sie ist auch und vor allem Konzentrat und Rahmen für die *kulturelle Identität* eines Volkes, für sein kulturelles Erbe und seine kulturellen Hoffnungen. Dementsprechend gewinnen Präambeln, Erziehungsziele, Symbolwerte an Aussagekraft und Geltung, werden Verfassungskultur und politische Kultur relevant, wächst das Kulturverfassungsrecht[57]. Wir Juristen müssen noch viel tun, um in dieser Weise zu lernen, die Verfassung mit den „Augen des Bürgers" zu sehen. Alte und neue Klassikertexte können dabei Hilfestellung geben: als eine Art „Katalysator". Der Jurist wird sich fragen müssen, welches die Geltungsweise von Klassikern im Verfassungsstaat ist, der Pädagoge, wie sie optimal zu vermitteln sind, der Politiker, ob er für seinen

---

[51] Die Verfassung als rechtliche Grundordnung des Staates, 1945.

[52] *R. Smend*, Verfassung und Verfassungsrecht (1928), in: *ders.*, Anm. 48, S. 119 ff. (195).

[53] *P. Häberle*, Öffentlichkeit und Verfassung (1969), in: *ders.*, Anm. 15 (1978), S. 225 ff.

[54] *U. Scheuner*, Verfassung, in: *ders.*, Staatstheorie und Staatsrecht, 1978, S. 171 (172 ff.).

[55] *A. Arndt*, Das nichterfüllte Grundgesetz (1960), in: *A. Arndt*, Gesammelte juristische Schriften, 1976, S. 141 ff.

[56] *G. Heinemann*, Präsidiale Reden, 1975, S. 180.

[57] Dazu *P. Häberle*, Kulturpolitik in der Stadt – ein Verfassungsauftrag, 1979, jetzt weitgehend übernommen von *E. Pappermann*, Grundzüge eines kommunalen Kulturverfassungsrechts, DVBl. 1980, S. 701 ff. Den Begriff „Kommunales Kulturverfassungsrecht" schlug ich erstmals auf der Basler Staatsrechtslehrertagung von 1977 vor, vgl. VVDStRL 36 (1978), S. 356 f. (Diskussion); jetzt auch *P. Häberle*, Kulturverfassungsrecht im Bundesstaat, 1980.

Alltag praktische Lehren ziehen kann, und alle zusammen, was eigentlich
Klassiker zu Klassikern macht[58].

III. Bestandsaufnahme (Auswahl)

1. Klassikertexte in juristischen Texten und Kontexten

Die folgende Bestandsaufnahme in Auswahl fragt, wo, nach den „vorläufig" entwickelten Merkmalen des Begriffs, Klassiker und Klassisches
zitiert werden. Die Suche konzentriert sich auf drei institutionelle Orte:
die Gesetzgebung, die Rechtsprechung und die Rechtswissenschaft, in
Sonderheit die Staats- und Verfassungslehre. Die Auswahl wird noch
weiter beschränkt: Versteht man Klassiker als Zeugen oder Denkmäler
der Vergangenheit (die in der Gegenwart noch stehen), so ist eine
Bezugnahme auf einen Klassiker oder auf Klassisches immer gleichzeitig
eine Aktualisierung von Traditionen; Tradition wird aber, wenn sie
nicht selbst der Anlaß ist, vor allem dann aktualisiert, wenn Entschei-
dungssituationen unsicher sind, unstrukturiert sind. Einfacher ausge-
drückt: Wenn man nicht so recht weiß, was man machen soll, liegt es
nahe, an das anzuknüpfen, was schon gemacht und für gut befunden
worden ist, so z. B. an einen Klassiker. Daher konzentriert sich die Suche
nach Klassikerbezügen z. T. auf „unsichere" Situationen: in der Gestz-
bung auf die Verhandlungen des Parlamentarischen Rates und in der
Rechtsprechung, neben der Suche in der Judikatur des Bundesverfas-
sungsgerichts auf die Gründerjahre des Bayerischen Verfassungsgerichtshofs.

2. Klassiker in den Verhandlungen des Parlamentarischen Rats (1948/49)

Die Bezugnahmen auf Klassiker, nationale und internationale, im
Parlamentarischen Rat sind mannigfach: Die Klassiker des französischen
Staatsdenkens und der französischen Revolution, *Montesquieu, Mirabeau*
und *Rousseau*[59] werden ebenso genannt wie die deutschen Klassiker *L. v.*

---

[58] Vgl. schon meine Besprechung in ZfP 26 (1979), S. 27.

[59] So z. B. *Süsterhenn*, Parlamentarischer Rat, 2. Sitzung, 8.9. 1948, S. 21: Es sei
das historische Verdienst *Montesquieus* gewesen, zu erkennen, daß jede Macht
der Gefahr des Mißbrauchs ausgesetzt sei: „Aus dieser Erkenntnis heraus fordert
Montesquieu die Teilung der Staatsgewalt in Gesetzgebung, ausführende Gewalt
und Rechtsprechung und ihre Übertragung auf verschiedene Träger"; *Schwalber*,
Parlamentarischer Rat, 3. Sitzung, 9.9. 1948, S. 36; s. aber auch die Argumenta-

Stein, A. Wagner, Thoma und *Jellinek*[60]; ins Feld geführt wird *Platon* bei der Diskussion des Mehrheits-Wahlrechtes ebenso wie *M. Luther* bei der Diskussion des Freiheitsbegriffs oder *Althusius* bei der Diskussion des Widerstandsrechts[61]. Klassiker der Politik wie *Bismarck, M. Erzberger,*

---

tion des KPD-Abgeordneten *Paul* gegen die Gewaltenteilung, ebd., S. 53: Man könne nicht mehr mit einer alten Forderung auftreten, die vor 150 Jahren einmal sehr fortschrittlich gewesen sei (nach längeren historischen Ausführungen). In ähnliche Richtung ging der KPD-Abgeordnete *Renner*: „Übrigens noch eine kleine historische Richtigstellung: Man sollte keine Leichenschändung begehen, wenn man von Toten wie *Montesquieu* spricht": es folgen dann längere Ausführungen dazu, weshalb die *Montesquieu*'sche Konzeption bei dem zu schaffenden Staat gar nicht durchgehalten werde; *Renner*, Parlamentarischer Rat, Hauptausschuß, 11. Sitzung, 3. 11. 1948, S. 128. Zu *Montesquieu* s. auch noch die Abgeordnete *Wessel*, Parlamentarischer Rat, Hauptausschuß, 52. Sitzung, 22. 2. 1949, S. 691: „Es wird hier oft *Montesquieu* angeführt. Gestatten Sie mir, einmal zu sagen, daß gerade *Montesquieu* verlangt hat, daß das Parlament ein genaues Spiegelbild der politischen Struktur eines Volkes ist. Und *Mirabeau* (als weiterer Klassiker, der Verfasser) hat am Vorabend der französischen Revolution den Ausspruch getan: ‚Eine richtig organisierte Repräsentativvertretung soll sich zu den verschiedenen Schichten und Strömungen des Volkes so verhalten wie eine gutgezeichnete Landkarte, die in reduziertem Maßstab, aber genau Gebirge und Flüsse des Landes darstellt' ". Zu einer Gegenüberstellung von *Montesquieu* und *Rousseau* s. den Abgeordneten *Süsterhenn*, Parlamentarischer Rat, Hauptausschuß, 11. Sitzung, 30. 11. 1948, S. 124: „Wir sind zunächst grundsätzlich der Meinung, daß wir hier nicht eine Verfassung à la *Rousseau* schaffen dürfen, also eine Konzentration der totalen Kompetenzfülle bei dem Parlament, sondern daß wir daneben auch mit *Montesquieu* den Gedanken der Gewaltenteilung berücksichtigen müssen". – Damit schließt sich ein „Klassikerkreis": *T. Heuss* zitierte in seiner letzten Reichstagsrede vom 11. 5. 1932 *Montesquieu*; vgl. *ders.*, Erinnerungen 1905–1933, 1963, S. 394.

[60] *Lorenz von Stein*: Der Abgeordnete *Höpker-Aschoff*, Parlamentarischer Rat, 7. Sitzung, 21. 10. 1948, S. 100: „Und *Lorenz von Stein*, der Meister der Finanzwissenschaft, hat mit siegreichen Gründen dargetan, daß ein Bundesstaat über die Finanzhoheit verfügen müsse ..."; *Thoma* und *Jellinek*: Der Abgeordnete *Diederichs*, Parlamentarischer Rat, Hauptausschuß, 41. Sitzung, 15. 1. 1949, S. 512.

[61] *Platon*: Der Abgeordnete *Holl*, Parlamentarischer Rat, 7. Sitzung, 21. 10. 1948, S. 113: Kein anderer als Platon habe beschrieben, wie aus einer formalen Demokratie mit zwingender Notwendigkeit als einem Exzeß der formalen Freiheit die Tyrannis hervorgehe; *Martin Luther*: Der Abgeordnete *C. Schmid*, Parlamentarischer Rat, Hauptausschuß, 42. Sitzung, 18. 1. 1949, S. 530 ff: Es ging um *Luthers* Schrift „Von der Freiheit eines Christenmenschen", die *Schmid* zur negativen Illustration benutzte und die in der Folge in der Diskussion mehrfach aufgegriffen wurde. *Althusius*: Der Abgeordnete *Seebohm*, Parlamentarischer Rat, Hauptausschuß, 42. Sitzung, 18. 1. 1949, S. 590; *Thomas*

Pistorius und *Hugo Preuß* aus der deutschen Geschichte sowie *Gladstone* und *Poincaré*[62] illustrieren und verstärken (oder schwächen) die Ausführungen der Abgeordneten ebenso wie die Bezugnahmen auf bestimmte, nicht nur juristische Institutionen: so die Bürgermeistereiverfassung, den Rechtspositivismus, die Selbstverwaltung oder die humanistische Bildung[63], ohne daß unbedingt die Namen des oder der Begründer dieser Institutionen genannt werden. Illustrationen liefern „gesicherte" wissenschaftliche Ergebnisse der deutschen und auch abendländischen Rechtswissenschaft[64] im Positiven wie auch Bezugnah-

---

von Aquin: Der Abgeordnete *Süsterhenn,* Parlamentarischer Rat, 2. Sitzung, 8. 9. 1948, S. 18: Schon *Thomas von Aquin* habe sich zu dem Grundsatz bekannt, daß das Volk der naturrechtliche Träger der Staatsgewalt sei, daß diese Staatsgewalt also wesenhaft beim Volke liege.

[62] *Bismarck:* Er wurde des öfteren zitiert, als Beispiel: Der Abgeordnete *Süsterhenn,* Parlamentarischer Rat, Hauptausschuß, 11. Sitzung, 30. 11. 1948, S. 124. *Erzberger:* Der Abgeordnete *Höpker-Aschoff,* Parlamentarischer Rat, 7. Sitzung, 21. 10. 1948, S. 100; *Hugo Preuß:* Der Abgeordnete *Seebohm,* Parlamentarischer Rat, 6. Sitzung, 20. 10. 1948, S. 77. *Pistorius: Höpker-Aschoff,* ebd.; *Gladstone:* Der Abgeordnete *von Brentano,* Parlamentarischer Rat, 8. Sitzung, 24. 2. 1949, S. 129; *Poincaré:* Die Abgeordnete *Wessel,* Parlamentarischer Rat, Hauptausschuß, 52. Sitzung, 22. 2. 1949, S. 691.

[63] *Bürgermeistereiverfassung:* Der Abgeordnete *Renner,* Parlamentarischer Rat, Hauptausschuß, 27. Sitzung, 15. 12. 1948, S. 325: „Wer diese Formulierung will, der macht den Bestrebungen der reaktionären Verwaltungsbürokratie die Tür auf und veranlaßt diese Herren Reaktionäre geradezu zu dem Streben, die alte rheinische Bürgermeistereiverfassung wieder in Kraft treten zu lassen ..."; *Selbstverwaltung:* Der Abgeordnete *Süsterhenn,* Parlamentarischer Rat, Hauptausschuß, 5. Sitzung, 18. 11. 1948, S. 60; *Humanistische Bildung:* Der Abgeordnete *Heuss,* Parlamentarischer Rat, 3. Sitzung, 9. 9. 1948, S. 45; *Rechtspositivismus* (als negativer Begriff): Der Abgeordnete *Süsterhenn,* Parlamentarischer Rat, 2. Sitzung, 8. 9. 1948, S. 20: „Das ist aber nur möglich, wenn wir uns endgültig von dem Geist des Rechtspositivismus abwenden, wonach der in ordnungsgemäßer Form zustande gekommene staatliche Gesetzesbefehl immer Recht schafft ohne Rücksicht auf seinen sittlichen Inhalt". *Staat als Herrschaftsapparat,* in Anlehnung an die Staatstheoretiker der Frührenaissance: Abgeordneter *Schmid,* Parlamentarischer Rat, 2. Sitzung, 8. 9. 1948, S. 8; s. auch ebd. den Hinweis auf die *oktroyierte Verfassung von 1814.*

[64] Der Abgeordnete *Zinn,* Parlamentarischer Rat, Hauptausschuß, 37. Sitzung, 13. 1. 1949, S. 462 (es ging um die Rechtsstellung des Reichspräsidenten, gegen die damals der Reichsgerichtspräsident *Simons* sich gewandt hatte); angelsächsische Literatur zum Völkerrecht: Der Abgeordnete *v. Mangoldt,* Parlamentarischer Rat, Hauptausschuß, 27. Sitzung, 15. 12. 1948, S. 329: Die Sitzung ging um völkerrechtliche Fragen, der Abgeordnete *v. Mangoldt* zitierte aus dem 18. Jahrhundert die berühmten Commentaries *Blackstone's.*

men auf Klassiker der marxistischen Rechtslehre (*Pašukanis*) im Negativen – wobei es im letzten Fall der Redner mit der Genauigkeit, vielleicht aus Unwissen, nicht allzu ernst nahm[65].

Auch die Art der Verwendung von Klassischem oder von Klassikern variiert: Zum Teil stehen sie für Bezugnahme auf gesichertes Wissen[66], dienen also der Illustration, der besonders trefflichen Fassung eines eigenen Argumentes[67], zum Teil bezeichnen sie staatstheoretische, letztlich weltanschauliche Positionen, die man über den Klassiker für sich selbst reklamiert bzw. von denen man sich anhand des „abschreckenden" Klassikers abwendet[68]. Argumentationstaktik im Parlamentarischen Rat als einem Gremium bestimmter weltanschaulicher Ausrichtung in einer bestimmten Situation[69] wird daran deutlich, wer wen (oder was) auf

---

[65] *Pašukanis:* Der Abgeordnete *v. Mangoldt*, Parlamentarischer Rat, Hauptausschuß, 5. Sitzung, 18. 11 1948, S. 67: *v. Mangoldt* zitierte *Pašukanis* als Völkerrechtler, der vertreten habe, daß Völkerrecht für den Osten andere Inhalte haben könne als für den Westen. Das wurde dann vom Abgeordneten *Schmid* zustimmend aufgenommen und ist insofern richtig, als *Pašukanis*, einer der grundlegenden sowjetischen Rechtstheoretiker, in ganz extremer Weise die These vom Absterben von Staat und Recht im Kommunismus vertrat, was entsprechend auf seine Ansichten zum Völkerrecht gewirkt haben dürfte: *Pašukanis* wurde mit dem Aufkommen des Stalinismus und damit *Vyšinskijs* verboten und geächtet. Zu seiner Rechtstheorie: *E. Pašukanis*, Allgemeine Rechtslehre und Marxismus, Frankfurt, 1973. Die eigentliche *Pašukanis*-Rehabilitation lag wohl erst um einiges nach der Entstalinisierung, also in den 60er Jahren. Eine umfassende Untersuchung zum Problem des „sozialistischen" Völkerrechts s. bei *T. Schweissfurth*, Sozialistisches Völkerrecht? Darstellung, Analysen und Wertung der sowjetmarxistischen Theorie vom Völkerrecht neuen Typs, 1979.

[66] So z. B. die Bezugnahme auf *A. Wagner*, Anm. 60.

[67] So z. B. die Bezugnahme auf *Poincaré*, Anm. 62: „Ich darf hier einen Ausspruch von *Poincaré* anführen: Das schlechteste Verhältniswahlrecht ist immer noch besser als das beste Mehrheitswahlrecht." Im folgenden wird noch *Jaurés* zitiert: „Bei Mehrheitswahlrecht geht es um persönliche und lokale Interessen, aber beim Verhältniswahlrecht wird um Ideen gestritten und gewählt." Ähnlich auch die Bezugnahme von *von Brentano* auf *Gladstone:* „Aber es ist auch einmal gesagt worden, die Mehrheit sei im politischen Leben eine Erfindung, notwendig und zweckmäßig wie die Beleuchtung durch Gas, auf die man nicht verzichten könne. Und ich glaube, es war *Gladstone*, der das gesagt hat." Nachweis zu *Gladstone* ebenfalls Anm. 62.

[68] So besonders die Gegenüberstellung von *Montesquieu* und *Rousseau*, Anm. 59; ebenso auch die Diskussion um *Martin Luther*, Anm. 61.

[69] Man darf nicht vergessen, daß die Sitzungen des Parlamentarischen Rates von der Berlin-Blockade begleitet wurden: daher eine durchgängig starke Stimmung gegen den Kommunismus, die z. B. auch bei nichtideologisierten Anträgen der KPD-Abgeordneten – Beispiel Abschaffung der Prügelstrafe auch in Bayern – zur Ablehnung der Anträge führte, – HA, 42. Sitzung, 18. 1. 1949, S. 537 ff.

welche Art und Weise zitiert: Während die Vertreter der großen Parteien keine Hemmungen haben, *Montesquieu, Rousseau, Mirabeau* oder gar *Platon* – immerhin in seiner oligarchischen Elitenausrichtung nicht unbedingt der Demokrat schlechthin – zu zitieren, halten sich die Vertreter der KPD mit der Bezugnahme auf „ihre" Klassiker *Marx, Engels* oder auch *Lenin* zurück, wohl um die gegenüber der KPD negativ eingestellte Atmosphäre nicht noch durch Nennung negativ besetzter Symbolfiguren zusätzlich aufzuheizen[70]: angesichts sonstiger sozialistischer Zitiergewohnheiten ein sehr ungewohntes Bild[71].

3. Klassiker und Klassisches in der Rechtsprechung des Bayerischen Verfassungsgerichtshofs und des Bundesverfassungsgerichts

a) Bei einer Untersuchung der Rechtsprechung des *Bayerischen Verfassungsgerichtshofs* nach dem Krieg fällt zunächst einmal eine generelle „Zitierfreudigkeit" auf: Dies betrifft sowohl Autoren der – damaligen – Gegenwart wie z. B. *H. Nawiasky*[72] als auch Rechtslehrer der Weimarer Republik wie z. B. *G. Anschütz*[73], deren Erwähnung uns heute, 30 Jahre später, schon als Bezugnahme auf einen Klassiker vorkommt, damals aber wohl eher ein bewußtes Anknüpfen an Weimarer Traditionen in Absetzung zum Nationalsozialismus und die Berufung auf integre Persönlichkeiten war. Bei den – im Sinne der obigen Beschreibung – „echten" Klassikern läßt sich differenzieren zwischen der Bezugnahme auf und dem Argumentieren mit juristischen Klassikern aus der deutschen bzw. baye-

---

[70] Während sich die Vertreter der bürgerlichen Parteien „ihre Helden" suchten und deren Lehren vertraten, s. besonders die Nachweise zu den französischen Staatstheoretikern in der Anm. 59 sowie zu *Platon* in Anm. 61, setzten sich die KPD-Abgeordneten intensiv mit historischer Argumentation mit den bürgerlichen Theoretikern auseinander, ohne einen einzigen „ihrer" Theoretiker zu zitieren.

[71] Übliches Zitiermuster sozialistischer Veröffentlichungen ist es, jeweils am Anfang der Kapitel oder bei der Aufstellung von grundlegenden Thesen zunächst einmal einige Legitimationszitate der Klassiker des Marxismus-Leninismus – *Marx-Engels-Lenin*, früher auch *Stalin*, heute z. T. *Brežnev* – zu zitieren; als ein Beispiel s. *P. E. Nedbailo*, Einführung in die allgemeine Theorie des Staates und des Rechts, Berlin/DDR, 1972.

[72] *Nawiasky*-Zitate s. z. B. in BayVerfGH E 1, 98; 5, 15; 5, 236; 4, 39; man kann ohne Übertreibung sagen, daß in jeder zweiten Entscheidung *H. Nawiasky* zitiert wird.

[73] So z. B. BayVerfGH E 1, S. 98 (*Mannheim*), BayVerfGH E 5, 15 (*Anschütz/Thoma*), BayVerfGH E 5, 18 (*Häntzschel*, in *Anschütz/Thoma*), BayVerfGH E 5, 236 (*Fleiner*, Institutionen des deutschen Verwaltungsrechts), usw.

rischen rechtlichen Tradition – erwähnt seien Namen wie *O. Mayer, von Seydel, Hatschek*[74] – und einem Zurückgehen auf auch – aber nicht nur – juristische Autoren vor allem aus dem 19. Jahrhundert, bis hin zum Ersten Weltkrieg: so bei der kommunalen Selbstverwaltung Bezugnahmen auf *Frh. v. Stein*[75], beim Verbrechensbegriff eine Berufung auf *Binding*[76], und bei Schulfragen gar geht man bis hin zu Briefwechseln von *Ludwig I.* mit *Eduard von Schenk*[77]. Neben den Klassikern steht Klassisches: Der Entwurf der Verwaltungsrechtsordnung für Württemberg wird mehrfach zitiert[78].

b) Auch das *Bundesverfassungsgericht* hat über die Gesamtzeit seiner Judikatur hinweg, besonders aber in Grundsatzentscheidungen, immer

---

[74] So z. B. der Bezug auf *M. v. Seydel*, Bayerisches Staatsrecht, 1. Aufl., Bd. 6, S. 352 ff. anläßlich der Parlamentarischen Beratungen zur Schulpflicht und zum kirchlichen Einfluß auf die Schule in BayVerfGH E 4, 273; s. die Diskussion des Problems der Öffentlichen Anstalt in BayVerfGH E 4, 240: „Nach der grundlegenden Begriffsbestimmung *Otto Mayers* (Deutsches Verwaltungsrecht Bd. 2, S. 331) ist die rechtsfähige Öffentliche Anstalt ‚ein zur Rechtsperson des öffentlichen Rechts erhobener Bestand sächlicher und persönlicher Mittel, welcher in der Hand eines Trägers öffentlicher Verwaltung einem besonderen Zweck dauernd zu dienen bestimmt ist‘. Nach *W. Jellinek* (Verwaltungsrecht, S. 164) ist die Öffentliche Anstalt ‚die zur juristischen Person erhobene, nicht von einer Personenmehrheit getragene Einrichtung‘ ...“ S. auch die Begründung des überpositiven Charakters des Rechts mit Bezugnahmen auf *E. Kaufmann, H. Coing, E. v. Hippel, H. Mitteis* usw., BayVerfGH E 4, 58; zum Wahlrecht s. die Bezugnahmen in BayVerfGH E 2, 191, auf *W. Jellinek*, in AöR, N.F. 11 (1926), S. 96 ff. Zu weiteren Bezugnahmen s. BayVerfGH E 3, 63 (*O. Mayer*); BayVerfGH E 4, 17 (*Hatschek*, ebenso in BayVerfGH E 4, 37).
[75] Zu *v. Stein* s. BayVerfGH 2, 162: „Das Rechtsgebilde der Selbstverwaltung, wie es sich im deutschen Recht herausgestaltet hat, läßt sich auf eine vierfache geschichtliche Wurzel zurückführen: die belgische Lehre vom Pouvoir municipal et provincial, die französische Lehre von der Dezentralisation, *Gneists* Lehre vom Self-Government und die Lehre von der Genossenschaftshierarchie (Freiherr *v. Stein*) ... In Deutschland wurde die Lehre von der vierten Gewalt durch die konstitutionelle Doktrin bei *Rotteck/Brater* usw. unter dem Einfluß naturrechtlicher Gedankengänge (des 18. Jahrhunderts: Lehre vom Staatsvertrag!) zum Grundrecht umgestaltet.“
[76] BayVerfGH E 4, 202 Hinweise auf *Beling*, Die Lehre vom Verbrechen, sowie *Binding*, Lehrbuch des Strafrechts, sowie einige andere Autoren.
[77] BayVerfGH 4, 184: Es geht wiederum um den kirchlichen Einfluß auf Mädchenschulen; zur historischen Entwicklung wird zitiert *M. Spindler*, Briefwechsel zwischen Ludwig I. von Bayern und E. v. Schenk, o. J.
[78] BayVerGH 4, 37; BayVerfGH E 5, 264. Die ausgewerteten Entscheidungen gingen bis in das Jahr 1952 (5. Band).

wieder auf Klassiker – juristische und nicht-juristische – Bezug genommen, oft allerdings, ohne das Original ausdrücklich zu zitieren. So wird die Meinungsfreiheit anhand des Satzes von *Cardozo* als „the matrix, the indispensable condition of nearly every form of freedom"[79] bestimmt, in anderem Kontext[80] bezieht sich das Gericht auf den „process of trial and error". Die Gestalt der deutschen Universität gewinnt das Gericht im Hochschulurteil anhand der Konzeption von W. *von Humboldt*[81]: mit der Berufung (E 35, S. 113) auf sein Dictum vom Bemühen um Wahrheit als „etwas noch nicht ganz Gefundenes und nie ganz Aufzufindendes". Wenn das Gericht sodann R. *Smends* Auffassung von der Wissenschaftsfreiheit als dem „Grundrecht der deutschen Universität" (ebd. S. 119) gegen so anerkannte Autoren wie R. *Thoma* und G. *Anschütz* stellt, so interpretiert es damit nicht nur eine heutige Verfassungsnorm mit Hilfe zweier Klassikertexte; zugleich zeigt sich, wie andere Autoren – sonst höchst angesehen – in concreto „deklassiert" werden!

Art. 5 Abs. 3 GG erweist sich auch in seiner Garantie der Kunstfreiheit als ergiebig. Die Relevanz des Selbstverständnisses für die Interpretation von Grundrechten[82] wie Art. 5 Abs. 3 GG legt es nahe, gerade hier nach einschlägigen Klassikertexten zu suchen. *Erwin Stein* hat in seinem Sondervotum zum Mephisto-Urteil insofern vorbildlich gearbeitet: Er bemüht (in BVerfGE 30, 200 (205 ff.)) für die Beurteilung des Verhältnisses eines Kunstwerkes zur Realität Klassikertexte von S. *George* über N. *Hartmann* bis zu T. *Adorno* und W. *Dilthey* – ein Beispiel übrigens für ein umfassend kulturwissenschaftliches Vorgehen in einem unter gesteigertem Legitimations- bzw. Begründungszwang stehenden Sondervotum[83].

---

[79] BVerfG E 7, 198 (208).

[80] BVerfG E 5, 85 (135): Das Dictum wird I. B. *Talmon* zugeschrieben, stammt aber wohl eigentlich von Sir *K. R. Popper*.

[81] Zu W. *v. Humboldt* s. BVerfG E 35, 79 (109): Die Idee der Universität als „absichtslose" Gemeinschaft der Lehrenden und Lernenden; s. auch ebd. das Wort von der „Einsamkeit und Freiheit".

[82] Allgemein dazu P. *Häberle*, Anm. 15 (1978), S. 124 ff., 128.

[83] Dazu allgemein P. *Häberle*, Anm. 15 (1979), S. 27. – Kulturbild und Kulturverständnis besonders deutlich in den Sondervoten von F. v. *Schlabrendorff*: E 33, 35 (36 f.): Bezugnahmen auf P. *Tillich*, T. v. *Aquin*, M. *Luther*, J. *Calvin*, H. *Thielicke*, sowie E 35, 51 (56): Nikomachische Ethik. Allerdings, die Überbetonung christlicher Gedanken, die Interpretation der Verfassung „nach Bibel" ist durchaus problematisch.

30

Bei älteren juristischen Klassikern zitiert das Gericht z. B. *H. Triepel, G. Holstein, G. Radbruch*[84], und aus der Weimarer Zeit „firmieren" *R. Thoma, G. Anschütz, C. Schmitt, H. Heller* und vor allem *R. Smend*[85], um nur einige zu nennen – wobei man allerdings darüber streiten mag, ob es sich bei einigen der aufgezählten Autoren schon um Klassiker gemäß der obigen Umschreibung handelt. Auch persönliche Motivation, spezifische Ausrichtung des federführenden Richters mögen manche Bezugnahmen erklären[86].

Die Art der Verwendung der Klassiker und des Klassischen variiert, beim Bayerischen Verfassungsgerichtshof ebenso wie beim Bundesverfassungsgericht: Zum Teil sind die Klassiker das erste Glied in einer ununterbrochenen Legitimationskette bis hin zur in Frage stehenden Entscheidung[87] – unklar bleibt allerdings jeweils, ob das, was der Klassiker ursprünglich gemeint hatte, mit dem, was in der Gegenwart geschieht, wirklich übereinstimmt –, zum Teil werden aber auch, besonders bei Bezugnahmen auf Autoren der Weimarer Republik, bestimmte „Kernsätze" Dreh- und Angelpunkt der Judikatur des BVerfG und damit letztlich geltendes Recht[88]; es kommt auch zu reizvollen Gegen-

---

[84] *H. Triepel:* BVerfGE 2, 142 (155); *G. Holstein:* BVerfGE 15, 256 (265); *G. Radbruch:* BVerfGE 3, 213 (232 f.); 6, 132 (198); 6, 389 (414); *M. Weber, H. Triepel:* BVerfGE 20, 56 (108); s. auch die Herausstellung von *C. Schmid,* BVerfGE 7, 198 (229 f.).

[85] *R. Thoma:* BVerfGE 1, 208 (221); 2, 143 (152) bzw. E. 1, 14 (48) sowie E 6, 55 (72); E 10, 59 (73) (für den Aufsatz in DVBl. 1951, 457 (459)); *H. Kelsen:* BVerfGE 3, 58 (88); *G. Anschütz:* BVerfGE 35, 79 (119); *R. Smend:* BVerfGE 35, 79 (119) – dies betraf *Smends* Definition der Wissenschaftsfreiheit als ernsthafter und methodischer Wahrheitssuche – sowie BVerfGE 12, 205 (254): Die Bundestreue; *C. Schmitt:* BVerfGE 3, 58 (86: *C. Schmitts* berüchtigter Aufsatz aus DJZ 1934, S. 947), aber auch *E. R. Huber,* ebd., S. 92 f., 105 f. oder *A. Köttgen,* ebd., S. 103; s. auch E 6, 132 (173): *C. Schmitt,* oder *R. Höhn,* ebd., S. 173.

[86] Ein Beispiel solcher aus der Person erklärbaren Klassikerverweise wären die Bezugnahmen auf *R. Thoma* – s. Anm. 85 –, die sich auch aus dem Lehrer/Schüler Verhältnis zwischen *Thoma* und Bundesverfassungsrichter *Friesenhahn* erklären lassen. Ähnlich die freilich problematische persönliche Note in den SV von *F. von Schlabrendorff,* s. Anm. 83.

[87] So z. B. die Legitimationskette in BayVerfGH E 4, 264 von dem E der Verwaltungsrechtsordnung für Württemberg bis hin zu *W. Weber,* AöR (Bd. 77, S. 84); ähnlich die historische Legitimationskette zum Selbstverwaltungsrecht in BayVerfGH 4, 150.

[88] Zu *O. Mayer,* s. oben die Nachw. in Anm. 74 für den BayVerfGH; zu *R. Smend* s. die Nachw. in Anm. 85.

überstellungen verschiedener Klassiker unterschiedlicher Positionen, wobei dann der eine durch den anderen „deklassiert" wird[89].

4. Klassiker in der wissenschaftlichen Literatur zum Grundgesetz

Im Rahmen einer Bestandsaufnahme dessen, was heute in wissenschaftlichen Arbeiten zum GG als „klassisch" herangezogen wird, begegnet mehr als vermutet: So zitiert *Th. Maunz* in seinem Staatsrecht[90] schon eingangs eine Weisheit *Montesquieus; K. Stern* beruft sich im Zusammenhang mit der Gewaltenteilung auf *Aristoteles, Montesquieu* und *Kant* in einem[91]; er bemüht auch *Sieyès* zur Begründung der traditionellen Lehre von der verfassunggebenden Gewalt[92]. Vor allem Lehren und Lehrer aus der Verfassungsgeschichte der USA wirken vielfältig zum und im GG, insbesondere die „Federalist Papers"[93].

Die Aktualität von Klassikern heute erweist sich u. a. daran, daß sie regelmäßig zum Thema von wissenschaftlichen Abhandlungen werden. In den 10 letzten Jahren (1970–1979) erschien in 9 Jahrgängen der Zeitschrift „Der Staat" in den Sparten „Abhandlungen und Aufsätze" und „Berichte und Kritik" des Inhaltsverzeichnisses mindestens eine Arbeit, die bereits im Titel einen Klassiker nennt. *Von Mohl* kommt einmal vor, *Rousseau* zweimal, *Hegel* sechsmal, *Marx* zweimal, *Hobbes* einmal, *Platon* zweimal, *Kant* einmal, *Feuerbach* einmal, *Bodin* zweimal, *Freiherr vom Stein* zweimal u.a.[94]

---

[89] Als Beispiel einer solchen „Deklassifizierung" s. das Argumentieren von *Smend*'schen Positionen gegen *Thoma* und *Anschütz* in BVerfG E 35, 79 (119); ebenso ein Beispiel, wie eine heutige Verfassungsnorm mit Hilfe zweier Klassikertexte interpretiert wird.

[90] 22. Aufl., 1978, S. V.

[91] *K. Stern*, Das Staatsrecht der BR Deutschland, Bd. I, 1977, S. 625 f.

[92] *K. Stern*, ebd., S. 120, 124 f.

[93] Vgl. z. B. für die USA, aber auch im Blick auf das GG: *H. Ehmke*, Wirtschaft und Verfassung, 1961, S. 96, 178, 216, 435, 490, 549.

[94] Vgl. bes.: *L. Roux/G. Chavanat:* Die Staatsauffassung bei *Hobbes* und *Hegel*, Der Staat 17 (1978), S. 1–26; *D. Suhr*, Staat – Gesellschaft – Verfassung von *Hegel* bis heute, Der Staat 17 (1978), S. 369–395; *K. Hornung*, Die Dialektik von Emanzipation und Despotismus. *Alexis de Tocqueville* und *Karl Marx*, Der Staat 15 (1975), S. 305–333; *R. Maurer*, Politische Wissenschaft nach *Platon*. Zum Problem Technokratie, Der Staat 15 (1976), S. 53–87. Klassiker werden durchaus für aktuelle Diskussionen eingesetzt, *R. Maurer*, a. a. O., S. 71 f., argumentiert in der *Habermas-Luhmann*-Debatte (Fn. 37). – S. auch *Chr. Starck:* Der Gesetzesbegriff des Grundgesetzes, 1970. Diese Habilitationsschrift benutzt zur Rekonstruk-

U. Scheuners Aufsatz „Der Rechtsstaat und die soziale Verantwortung des Staates, Das wissenschaftliche Lebenswerk von *Robert von Mohl*", sei besonders erwähnt[95]; ebenso *C. H. Ules* Arbeit: „*Anselm Feuerbach heute* – Die Bedeutung seiner Lehren für Gerichtsverfassung und gerichtliches Verfahren"[96]. Auf weitere Beispiele für die Verwendung

---

tion der Idee des allgemeinen Gesetzes in der Rechts- und Staatstheorie die Klassiker (S. 109 ff.). Die einschlägigen Paragraphen des Buches, §§ 23–27, haben Kurzkennzeichnungen von Klassikerpositionen als Titel, denen in Klammern noch der jeweilige Klassiker hinzugefügt ist, z. B. § 24: Das Gesetz als Wille des Herrschers (*Thomas Hobbes*), § 25: Das Gesetz als Garant der bürgerlichen Freiheit (*John Locke* etc.). Sinn dieser Wendung zu den Klassikern ist es, die das Verständnis des Gesetzesbegriffs speisenden Wurzeln bloßzulegen; die Konzeptionen der Klassiker sind demnach wegen ihrer faktischen Entfernung aufgenommen worden (*Chr. Starck*, a.a.O., S. 17). Allerdings haben Zeitschriften auch ihren spezifischen Stil: eine Gegenprobe im AöR für den gleichen Zeitraum ergibt ein „echtes" Klassikerthema (*F. Müller*, Staatslehre und Anthropologie bei *K. Marx*, AöR 95 (1970), S 513 ff.) und einige historisch orientierte Aufsätze, so zur Staatslehre im alten Rom (*K. Loewenstein*, AöR 96 (1971), S. 1 ff.), zur Staatslehre in Deutschland im 18./19. Jahrhundert (*H. Kuriki*, AöR 99 (1974), S. 556 ff.), zu *Kelsen* in der dritten Welt – bzw. seinen negativen Spuren – (*W. Wengler*, AöR 99 (1974), S. 464 ff.), zum Methodenstreit in Weimar (*M. Friedrich*, AöR 102 (1977), S. 161 ff.), sowie schließlich, anläßlich des Jubiläums, zur Geschichte der Staatsrechtslehrervereinigung (*U. Scheuner*, AöR 97 (1972), S. 349 ff.); die Aufzählung ist abschließend.

[95] Der Staat 18 (1979), S. 1 ff. *Scheuner* legt einleitend klar, weshalb er das von ihm hier erörterte Problem am Beispiel *R. v. Mohls* diskutiert (umgekehrt, für welche Frage das Werk *v. Mohls* wichtig ist): *v. Mohl* sei zwar im Rahmen der liberalen Strömung des 19. Jahrhunderts gestanden, er habe aber niemals die Zurückdrängung des Staates aus einer gestaltenden Rolle im gesellschaftlichen Leben geteilt, die damals herrschend war. Dieser Akzent des Staates auf weitere Aufgaben als auf die eines Nachtwächters unterscheide, so *Scheuner*, *v. Mohl* vom rationalen Liberalismus seiner Zeit. Er ging weiterhin auch darin seiner Zeit voraus, als er an einer brauchbaren Lösung des Verhältnisses von Monarchie und Volksvertretung zweifelte und eine Herrschaft der Parlamentsmehrheit für notwendig erachtete. *Scheuner* begründet also die Relevanz und damit die Klassikereigenschaft *v. Mohls* in Bezug auf bestimmte Sachfragen. Zu seiner Klassikereigenschaft s. auch 29 f., wo *v. Mohls* Bedeutung über seine Zeit hinaus auch für die Gegenwart betont wird; hier „gilt" aber nicht schlicht, was er geschrieben hat, vielmehr wirkt er „anregend".

[96] DVBl. 1979, S. 797–807. *Ule* argumentiert mit *Feuerbach* als *Klassiker:* Der Titel: *Feuerbach heute* betont die Klassizität *Feuerbachs*, spricht die Aktualität wie die Aktualisierungsnotwendigkeit aus. Das impliziert: es gibt keine schlichte, geradlinige Geltung und Relevanz *Feuerbachs*. – *Ule* benennt *Feuerbach* auch als Klassiker, S. 797: „Der als der klassische Verfechter dieser Grundsätze in die Geschichte des Verfahrensrechts eingegangen ist", und zitiert *E. Schwinge, Feuer-*

von Klassikern in juristischen Texten sei verwiesen". Eine betont mit
Klassikerzitaten angereicherte GG-Kommentierung findet sich vor allem

---

bachs Lehren hätten „klassische Bedeutung erlangt" (a. a. O:, S. 800, m. w. N.). –
Ule behandelt *Feuerbach* auch als Klassiker: Er sieht von zeitgebundenen Eigen-
heiten ab (S. 799 rechts unten: bestimmte Auffassungen werden ohne viel Aufhe-
bens weggelassen, für nicht mehr aktuell erklärt); er bezieht *Feuerbachs* Stellung-
nahmen auf die heutigen aktuellen Probleme, und er benutzt *Feuerbachs* Gründe
und Argumente. – *Ule begründet* (!) *Feuerbachs* Heranziehung als Klassiker:
Feuerbach sei ein wichtiger Kopf der Entwicklungsperiode des Liberalismus
gewesen; er habe Ansehen und Erfolg gehabt. – Damit werden verschiedene
Ebenen der Verwendung von Klassikern deutlich; *Stichworte sind:* Bezug auf
Klassiker, Begründung des Bezugs auf Klassiker, materielle Theorie der Kassiker,
wissenssoziologische Theorie der Klassiker, Verwendung *als* Klassiker. – Im
übrigen: diese Problematisierung am Beispiel von Klassikern ist nicht „typisch
juristisch". Ein Beispiel aus der Soziologie: S. auch *H. L. Zetterberg,* Theorie,
Forschung und Praxis in der Soziologie, Handbuch der empirischen Sozialfor-
schung, Bd. 1: Geschichte und Grundprobleme, 3. Aufl. 1973, S. 103–160: „Eine
jederzeit verfügbare Orientierungshilfe bei der Ordnung sozialer Phänomene nach
einigen nützlichen Gesichtspunkten geben die soziologischen Klassiker. Sie waren
Denker von Voraussicht, mit einem Sinn für das Grundlegende, das Wesentliche,
Männer, die die seltene Gabe besaßen, die entscheidenden Probleme ihres
Sachgebietes zu sehen. Die meisten von uns sind Forschern wie *Karl Marx, Emile
Durkheim* oder *Max Weber* dafür dankbar, daß sie sich mit soziologischen
Grundproblemen beschäftigt haben: wir mögen vielleicht ihre Lösungen nicht
akzeptieren, aber wir übernehmen doch viele der Gesichtspunkte, die sie für
beachtenswert hielten". *Zetterbergs* Empfehlungen für den Umgang mit Klassikern entspricht dem hier vorgeschlagenen Modus ihres Einsatzes. Nicht die von
ihnen vorgeschlagenen Problemlösungen sind entscheidend, sondern ihre Fragestellungen oder ihre grundsätzlichen problemaufschließenden Gesichtspunkte.
Die Bedeutung der Klassiker in den verschiedenen Fachwissenschaften ist sich
näher, als prima facie vermutet.
   ⁹⁷ Etwa *H. H. Kleins* Aufsatz „Über Grundpflichten", in: Der Staat 14 (1975),
S. 152 ff. – *Klein* sieht die Notwendigkeit von Unterstützungsleistungen der Bürger für den Staat. Aus bestimmten Gründen ist er aber unter dem Grundgesetz
gegen Grundpflichten im verfassungsrechtlichen Sinne. Genau an dieser Stelle,
einem Dilemma, das er (von seiner Position aus) im positiven Verfassungsrecht
nicht lösen kann, zitiert er (quasi als deus ex machina) *Montesquieu:* S. 154: Zur
Einführung dieses Bedarfs an „politischer Tugend"; auf S. 167 f. wird der ganze
Schluß seiner Argumentation von *Montesquieu* bestritten. Dieser Klassikerge-
brauch ist überaus lehrreich, sowohl in seinen positiven wie in seinen negativen
Aspekten. Positiv ist zu vermerken, daß der Klassiker *Montesquieu* es offenbar
geschafft hat, *Klein* von seiner in bestimmter Weise restringierten Position
abzubringen und den Blick auf Umstände zu werfen, die er von seiner positivisti-
schen Einstellung her sonst nicht in den Blick genommen hätte. Negativ ist
freilich festzuhalten, daß die Berufung auf *Montesquieu* nicht weiter legitimiert
wird. Das Dilemma von *Klein,* Grundpflichten verfassungsrechtlich eigentlich

34

in *P. Baduras* Erläuterungen von Art. 38 GG im „Bonner Kommentar"[98,99]. Es gibt aber auch „Fehlanzeigen"[100].

---

nicht begründen zu können, wird durch den großen Namen von *Montesquieu* nicht eigentlich gelöst, sondern nur verschleiert.

[98] Vgl. *P. Badura*, Erläuterungen zu Art. 38 GG (Zweitbearbeitung 1966), in: Bonner Kommentar zum Grundgesetz, 1950 ff., bes. Rdn. 2 ff., pass: Vom „klassischen Ausdruck" der Idee der parlamentarischen Repräsentation bei Sir *Thomas Smith* (1565) bis zum „locus classicus für das freie Mandat des Abgeordneten" bei *Edmund Burke*, 1774, (Rdn. 7) findet sich eine sehr „klassikergesättigte" Darstellung, vor deren Hintergrund sich dann die Einzelfragen bei der Auslegung (Rdn. 48 ff., 65 ff.) gesichert „lösen" lassen. Die Klassiker werden hier als solche bezeichnet, weil sie noch immer aktuelle Probleme des gegenwärtigen Verfassungsstaates *als erste* bereits unter anderen äußeren Bedingungen „zeitlos-gültig" gestellt haben. – Freilich gibt es wohl keine wirklich zeitlos-gültigen menschlichen Fragestellungen, will man nicht bewußt naturrechtlich argumentieren (so aber wohl *H. Maier*, Einleitung, in: *Denzer/Maier/Rausch*, Anm. 12, S. VII, der mit Klassischem meist die „Idee des Zeitüberhobenen, Immer-Gültigen, Allgemein-Menschlichen verbindet"). Der Schein des Zeitlosen taucht auf, weil Fragen unverändert „aktuell" sind – ob sie es bleiben, entzieht sich unserer Beurteilungskraft. Das gilt jedenfalls für die historisch variablen Formen des Verfassungsstaates.

[99] Jede Menge Klassikerzitate etwa auch bei *K. Löw*, Was bedeutet „Republik" in der Bezeichnung „Bundesrepublik Deutschland"?, DÖV 1979, S. 819 ff. – Mit häufigen Hinweisen auf Klassiker von *Aristoteles* bis *Max Weber* argumentiert auch *G. Leibholz*, Strukturprobleme der modernen Demokratie, 3. Aufl. 1967.

[100] Offenbar besteht keine unbedingte Notwendigkeit, in Verfassungsrecht und Verfassungstheorie ausdrücklich mit Klassikern zu arbeiten. So greift z. B. *K. Hesse* (Grundzüge des Verfassungsrechts der BR Deutschland, 12. Aufl., 1980) kaum auf Klassiker jenseits der Weimarer Diskussion zurück: S. 45: *M. Weber*; S. 196: *Montesquieu, Locke*, Federalist; S. 88 Fn. 1: *A. Haenel*; S. 204, Fn. 4: *P. Laband*; S. 232, Fn. 1: *Bagehot*. – Ein weiteres Beispiel: *H. Willke*, Stand und Kritik der neueren Grundrechtstheorie, 1976, eine theoretisch anspruchsvolle verfassungstheoretische Arbeit, soweit ersichtlich ohne Argumentation mit Klassischem, ohne Nennung von Klassikern; s. a. *U. K. Siegrist*, Die schweizerische Verfassungsordnung als Grundlage und Schranke des interkantonalen kooperativen Föderalismus, Bd. 1, 1976, Bd. 2, 1978: S. 132 ff. (Bd. 1) „Historische und klassische Motive der Kooperation"; S. 134 ff. (Bd. 2): „Die klassische Lehre" (des Föderalismus). – Ohne tragenden Rückgriff auf Klassikertexte kommt auch ein Buch wie das von *A. Bleckmann*, Allgemeine Grundrechtslehren, 1979, aus: Von 319 Textseiten wird *eine* (S. 1 f.) zur *Erwähnung* von *John Milton, John Locke, Charles D. Montesquieu, Edward Coke, Oliver Cromwell, Spinoza, Grotius, Pufendorf, Thomasius* und *Christian Wolff* aufgewendet, im Rahmen des 6seitigen Kapitels („tour d'horizon") „Zur Geschichte der Grundrechte". *Hobbes, Locke* und *Rousseau* werden danach nur noch einmal im Rahmen der Möglichkeit einer geisteswissenschaftlichen Grundrechtsauslegung erwähnt, als Beispiel werden dabei *Grabitz'* Interpretationen zur Grundrechtsauffassung von *John Locke*

Die Beispiele zeigen, daß Klassiker in der Verfassungsrechtswissen-
schaft in unterschiedlichen Zusammenhängen auftauchen: Herausragend ist vor allem ihre Rolle als Kronzeugen fundamentaler Kontroversen – man denke an *Montesquieu* oder *Rousseau*, an das richtige Demo-
kratie- oder Parteienverständnis[101] oder an die Impulse der „neuen
Linken" Ende der 60er Jahre[102]. Zugespitzt läßt sich vielleicht sagen, daß
jede verfassungsstaatliche Verfassung und damit auch die Gemeinschaft
der sich mit ihr Beschäftigenden immer wieder im Kraftfeld der Antipoden *Montesquieu* und *Rousseau*, aber auch *Locke* und *Hobbes* oder *W. v.
Humboldt* und *G. W. F. Hegel* steht und zwischen ihnen „pendelt".
   Im Vergleich der drei Bereiche, in denen wir nach Klassikern gesucht
haben, wird ebenso Gemeinsames wie auch Unterschiedliches deutlich:
Unterschiedlich sind z. B. die Zitiergewohnheiten, häufiger in der Wissenschaft, nicht so häufig bei den Gerichten – was auch daran liegen
mag, daß das Bundesverfassungsgericht zunehmend Präjudizienrecht
geschaffen hat, anders formuliert: in den Grundsatzentscheidungen jene
Traditionen „gesät" hat, die das Gericht selbst vielleicht einmal zum
Klassiker machen werden[103]. Gemeinsam sind dagegen die Autoritäten

genannt (S. 54). Im übrigen taucht aus der Vor-Weimarer Zeit nur noch der
Name *Georg Jellinek* auf (S. 68, 160) – den Rest der Diskussion bestreiten die
Rechtswissenschaftler unter dem Grundgesetz, teils in Anknüpfung an Weimarer
Diskussionen und Protagonisten. Trägt sich die Tradition der Grundgesetzausle-
gung folglich selber – oder steht dahinter ein Verlust historischen Bewußtseins
vom Recht in der Zeit und ihrem Wandel, von der historischen Relativität des
Verfassungsstaates, d. h. auch: von seiner Fragilität?
[101] Vgl. die Position von *G. Leibholz* im Gefolge von *Rousseau* gegenüber der
bürgerlich-liberalen Position, *ders.*, Anm. 99, S. 71 ff., 90 ff.; aus der Reihe seiner
Gegner etwa *K. Hesse*, VVDStRL 17 (1959), S. 11 (21 Fn. 28, 31 Fn. 56); s. aber
auch *U. Scheuner* ebd., S. 110 f. (Diskussion) unter Hinweis auf *Rousseau*; *H.-
R. Lipphardt*, Die Gleichheit der politischen Parteien vor der Öffentlichen
Gewalt, 1975, S. 530 ff., 660 f. Besonders für die große Literatur zum GG ist
ebenfalls ein Rückgriff auf Klassiker kennzeichnend; so etwa bei *U. Scheuner*,
Art. „Staat" (1965), jetzt in: Staatstheorie und Staatsrecht, 1978, S. 19 (39); für
Montesquieu sowie in anderen zentralen Passagen (z. B. ebd., S. 296, 419, 426,
461, 539); für *Locke* (ebd., S. 64, 139, 141, 159 f., 192, 239, 241, 253 ff., 300 f.,
327, 536, 666, 717, 780); für den Federalist (ebd., S. 419, 426) – all dies nicht nur
in „geistesgeschichtlichen Passagen", sondern auch für die heutige Dogmatik.
Dem entspricht ein Argumentieren mit klassischen Positionen: als Beispiel s.
G. Dürig, Zurück zum klassischen Enteignungsbegriff!, JZ 1954, S. 4 ff.
[102] Vgl. für die deutsche Staatsrechtslehre die Referate von *W. v. Simson* und
M. Kriele, VVDStRL 29 (1971), S. 3 ff./46 ff. sowie die Diskussion z. B. S. 125 f.
[103] Dazu *P. Häberle*, Anm. 15 (1979), S. 3 f.

und die Klassiker: Die juristischen Klassiker werden nicht als solche „geboren", sondern sie werden von der juristischen Gemeinschaft zu solchen gemacht, sie entwickeln sich zu solchen. So wurde die Kanonisierung eines Autors wie *R. Smend* vom Bundesverfassungsgericht, aber auch von der Gemeinschaft der Staatsrechtswissenschaftler vollzogen; bezüglich solcher Autoritäten wie *G. Dürig, G. Leibholz*[104] oder *K. Hesse* sind zumindest die Anfänge erkennbar, die vielleicht „neue" Klassiker (des GG) entstehen lassen. Ob allerdings diese Autoren wirklich zu Klassikern reifen oder aber „deklassiert" werden – darüber wird im Laufe der Zeit die Bürger-, Juristen- und Wissenschaftsgemeinde als offene Gesellschaft der Verfassungsinterpreten durch ihre Rezeption entscheiden: Die Betroffenen sind solchen Prozessen voller Eigendynamik ausgeliefert[105].

5. Zitiertypen: Verwendungsweise von Klassikern

Das aufbereitete Material läßt ersehen, wer wann welchen Klassiker oder auch welche fachliche Autorität in welcher Weise zitiert.

Drei Typen sind zu unterscheiden: der *illustrative*, der *historisch darstellende* und der *legitimatorische*. Mit *illustrativ* ist gemeint, daß man einen Klassikerausspruch übernimmt, weil dieser besonders treffend ist, die eigene Meinung besonders gut ausdrückt; dies muß nicht bedeuten, daß man im übrigen die Positionen dessen, auf den man Bezug nimmt, teilt[106]. Boshaft könnte man hier auch von „bildungsbürgerlichen

---

[104] *G. Leibholz* zum Parteienstaat: E 1, 208 (223 ff.); 2, 1 (11, 73 f.); 11, 266 (273); 20, 56 (100); 32, 157 (164); zu *G. Dürigs* Grundrechtsverständnis s. mein „Geburtstagsblatt" für *G. Dürig*: Staatsrechtslehrer im Verfassungsleben, 1980, jetzt in: *P. Häberle*, Die Verfassung des Pluralismus, 1980, S. 110 ff. (115 f. m. N.). *K. Hesse*: E 41, 29 (51) für die (praktische) Konkordanz; ein weiterer „Kandidat" wäre *P. Lerches* Prinzip des „schonendsten Ausgleichs", E 41, 88 (109).

[105] Auch der Verfasser dieses Textes ist hier ebenso einer (ehrenvollen) Klassifizierung seiner Dissertation (Die Wesensgehaltgarantie des Art. 19 Abs. 2, 1962, 2. Aufl. 1972) durch *A. Bleckmann*, Anm. 100, S. 184, wie auch dem etwaigen Gegenteil ausgeliefert – Vgl. auch *N. Luhmanns* Rezension der 2. Auflage von *H. P. Bulls* Dissertation (Verwaltung durch Maschinen, 2. Aufl. 1964), in: Verw. Arch 57 (1966), S. 86 (88): „Die Schrift von *Bull* bringt die juristische Diskussion etwas in die Gefahr, allzu schnell zu herrschenden Meinungen zu gerinnen. Man sollte aber eine ausgezeichnete Dissertation davor bewahren, zum Klassiker zu werden".

[106] So z. B. das *Goethe*-Zitat bei *O. Bachof*, Entnazifizierung, in: *ders.:* Wege zum Rechtsstaat, 1979, S. 278 (291 f.), mit dem er für mehr Bescheidenheit und Toleranz für die menschlichen Schwächen während des Nationalsozialismus plädiert. – Vgl. auch das *Montesquieu*-Zitat bei *W. v. Simson*, VVDStRL 29 (1971), S. 3 (22, Fn. 43).

Schmuckzitaten" sprechen, die nicht zuletzt der persönlichen Eitelkeit des Zitierenden zu dienen bestimmt sind. Mit *historisch darstellend* ist eine zusammenfassende, meist mehrere Klassiker umfassende „geistesgeschichtliche" (letztlich kulturgeschichtliche) Darstellung von klassischen Positionen gemeint, die wie eine Folie die eigene Meinung oder Theorie in ihrer Kontinuität und Diskontinuität zu den Vorhergehenden zeigt[107]. *Legitimatorisch* ist jene Verwendung von Klassikern, die die eigene Position damit begründet, daß auch schon ein Klassiker so gedacht habe, dessen fachliche Autorität wird mit seiner historischen vereinigt. Dieser legitimatorische Zitiertyp ist der einzige, der sowohl positiv als auch negativ arbeiten kann: denn zur Begründung einer Position kann man ebenso mit einer positiven Symbolfigur diejenigen, die man überzeugen will, ins eigene Lager „locken", wie man sie mit einer negativen Symbolfigur dorthin treiben kann[108]. Für die Fragestellung „Klassiker im Verfassungsleben" wirft vor allem der legitimatorische Zitiertyp Probleme auf.

---

[107] So typisch die Kommentierung von *P. Badura* zu Art. 38 GG im Bonner Kommentar zum GG, Zweitbearbeitung, 1966, die man schon Klassiker-gesättigt nennen kann. Es gibt einen problematischen Umgang mit Klassikern, der „archivarisch" genannt werden könnte: *N. Luhmann* stellt in seiner zweibändigen Rechtssoziologie (1972) auf 17 Seiten die „klassischen Ansätze" vor, um sich dann sich selbst zuzuwenden: Klassiker dienen hier nur als Folie, nicht aber zur Auseinandersetzung.

[108] S. dazu die Anm. 61, 63 und bes. 65. Der Klassikerbegriff wird unterschiedlich verwendet. Man kann ihn sehr hoch ansetzen: „wenn ein Werk *einmal*, und sei es nur für eine kurze Frist, im Mittelpunkt der politischen Ideen und Vorstellungen einer Epoche stand, wenn es repräsentativ wurde für eine Gesellschaft" – der öffentlichen Verfassungsinterpreten –, „und wenn es – eine weitere, nicht unwichtige Bedingung – sowohl die Möglichkeit universeller Verbreitung wie auch die Kraft geschichtlichen Weiterwirkens in sich trägt" (so *H. Maier,* in: *Denzer/Maier/Rausch,* Anm. 12, S. X). S. auch *W. Jens,* Antiquierte Antike. Perspektiven eines neuen Humanismus, in: *ders.,* Republikanische Reden, 1979, S. 60: die Bedeutung der klassischen Zeugnisse liege nicht in ihrer Integrität, sondern in ihrer Fähigkeit, sich in einem ständigen Veränderungsprozeß als negierenswert zu erweisen. Diese Anforderung, auf juristisch bedeutsame Klassiker übertragen, hat geschichtliche Distanz zur Bedingung – eben deshalb sind *H. Kelsen, C. Schmitt* usw., die Weimarer Größen, nicht ohne Zweifel „Klassiker". – Man kann aber auch – enger – den epochalen Hintergrund vernachlässigen und Texte in ihrer – verfassungsjuristischen – Fragestellung als wegweisend, neu, herausragend, Schneisen-schlagend und wegen ihrer jahrelangen unveränderten Aktualität als „klassisch" bezeichnen (wie *H. P. Ipsen,* Anm. 13). Diese beiden Begriffsebenen sollten auseinandergehalten werden: *Locke* oder *Montesquieu* sind mit *H. P. Ipsen* nicht in eine Ebene zu stellen, schon weil uns die unabdingbare geschichtliche Distanz fehlt. Insofern gilt das gleiche wie bei der

Hinzuzufügen ist allerdings, daß die vorgeschlagenen Typen nur Idealtypen sind; in der „klassischen Wirklichkeit" werden die einzelnen Bezüge neben den Kennzeichen des Haupttypus oft noch die Merkmale der anderen Gruppe aufweisen. Überdies ist es eine Frage der Gemeinschaftssitten und der Adressaten, wie oft überhaupt zitiert wird: So vermag sich der Wissenschaftler ohne große Hemmungen auf diesen oder jenen Großen der Vergangenheit zu berufen, vor allem des eigenen Wissenschaftszweiges: Er entspricht damit dem wissenschaftlichen Brauchtum; in anderen Gemeinschaften, anderen Zusammenhängen mag das anders sein[109].

Zweiter Teil
Theoretische Überlegungen zum Klassikerbegriff

I. Klassiker und Rezeptionsgemeinschaft

Schon die ersten, auch historischen Versuche einer Begriffsklärung haben zwei mögliche Ansatzpunkte für die Bestimmung des Klassikerbegriffs gezeigt: den der Produktion und der Rezeption, d. h. einen inhaltlichen, materialen (m. a. W. den Versuch, den Klassiker nach dem zu

---

Auswahl wesentlicher Texte für Sammelbände, über die sich stets streiten läßt (vgl. jüngst die *W. Schmidt*-Anzeige betr. den Band Verfassung, hrsg. von *M. Friedrich*, 1977, AöR 105 (1980), S. 326); über Klassiker im erstgenannten Sinne läßt sich indes nicht mehr streiten.

[109] In *wissenssoziologischer* Perspektive werden Heranziehung, Verwendungsweise, Zitiertechnik, Rezeptionsart von Klassikern (generell von Autoren) als bestimmtes soziales Verhalten verstanden, d. h.: es wird in Abhängigkeit von anderem sozialen Verhalten und von sozialen Umständen analysiert; vgl. *Franz Mehring:* Über die historischen Bedingungen des Kunstgeschmacks, in: *Norbert Fügen* (Hrsg.): Wege der Literatursoziologie, 2. Aufl. 1971 (1968), S. 106–114 (107 bis 109) (zuerst: Beiträge zur Literaturgeschichte, Berlin, 1948, S. 73–79). *Mehring* untersucht die Hinwendung der deutschen Klassiker zur antiken Klassik. Er möchte diese Umorientierung des Kunstideals nicht dem subjektiven Geschmack allein überlassen, vielmehr sucht er nach objektiven Bestimmungsgründen des Geschmacks der deutschen Klassiker. Die „klassische Wendung" sieht *Mehring* begründet in der Abwendung von der seinerzeit dominierenden Kunstauffassung des französischen Hofes, die von den deutschen Duodezfürsten eifrig gepflegt worden war. „Im Kampfe gegen die französische Hofdichtung kamen unsere Klassiker auf die Spur der Griechen und des Briten" (sc. Shakespeare, S. 108). Die, insbesondere griechische, Klassik war als Protest gegen die herrschende französische Kunstpoesie, gegen höfische verzärtelte Kunstideale gedacht.

bestimmen, was er geschrieben hat, bzw. welche Kunstwerke er hervor-
gebracht hat), und einen „umwelt"-orientierten, pragmatisch-gemein-
schaftsbezogenen Klassikerbegriff: Hier ist das Klassischwerden ein
„sozialer Erfolg" in einer Rezipienten-Gemeinschaft[110], die Aneignung
des Werkes durch ein Publikum: seine Öffentlichkeit. Da das zweite, die
Rezipienten-Gemeinschaft, als ein Charakteristikum des Klassikerbegriffs außer Frage steht – niemand wird mit nur einem Anhänger
Klassiker –, seien zunächst Überlegungen zum Klassiker in seiner
Gemeinschaft entwickelt.

Strukturell kann es keinen Unterschied machen, ob es sich um einen
Klassiker der Kunst, der Wissenschaft wie der Nationalökonomie oder
des Humors etc. handelt. Klassiker bezeichnen „überholte" Positionen,
die aber einmal so wichtig waren, daß der gegenwärtige Kenntnisstand
der Gemeinschaft auf diesen Positionen beruht, ohne daß man hier
mehr als nur eine „allgemeine" Kenntnis haben müßte. Klassische
Aussagen, klassische Positionen sind nicht mehr neue: Im wissenschaftlichen Kontext heißt dies, daß sie „falsch" sind oder zumindest zu
undifferenziert, im künstlerischen Kontext heißt dies, daß sie nicht mehr
neu, d. h. kreativ sind: Für denjenigen, der eine eigene künstlerische
Identität darstellen will, ist der vom Klassiker gegangene Weg nicht
mehr gangbar – „Klassizisten" haben ihre besonderen Probleme! Während also in der Wissenschaft Klassisches „unrichtig" wird, wird es in der
Kunst langweilig-epigonal: Der Klassiker, ganz gleich in welcher
Gemeinschaft, verändert sozusagen seinen „Aggregatzustand", er steht
in neuen Zusammenhängen, unterliegt neuen anderen Beurteilungen,
neuen Maßstäben: Wollte er – oder wollten Vertreter seiner Position –

---

[110] Dieses Schwanken zwischen materialem und rezeptivem Klassikerbegriff
kennzeichnet die meisten „Versuche am Klassiker", s. z. B. *W. Schadewaldt*,
Begriff und Wesen der antiken Klassik, in: *W. Jaeger* (Hrsg.), Anm. 28, 1931,
S. 15 ff.: materiales z. B. S. 16: das Klassische als Polarität einander widerstreben-
der formender Kräfte wie Freiheit und Notwendigkeit, Geist und Natur usw.;
rezeptiv S. 20 f., z. B.: „klassisch ist, was uns als klassisch *gilt*" (Hvhbg. im
Original). Material z. B. auch *Hegel*, zit. nach *P. Friedländer*, Vorklassisch und
nachklassisch, in: *W. Jaeger*, ebd., S. 33 ff.: „das sich selbst bedeutende und damit
auch sich selbst deutende"; material auch z. B. *B. Schweitzer*, Über das Klassische
in der Kunst der Antike, in: *W. Jaeger*, ebd., S. 74 ff. sowie *E. Fraenkel*, Die
klassische Dichtung der Römer, in: *W. Jaeger*, ebd., S. 47 ff. Schwankend dann
wieder *H. Kuhn*, ebd., S. 109 ff.; material S. 110 ff. mit Apostrophierungen wie
„musterhaft", Lösung einer Aufgabe, Stellung als Anfangs- und Endpunkt einer
Entwicklung; rezeptiv S. 120 ff. beim „Geltungsanspruch des Klassischen".

mit der Gegenwart konkurrieren, so würde dies Stillstand der Gegenwart bedeuten[111].

Wenn also jede Gemeinschaft in dieser oder jener Weise ihren Klassiker hat, so fragt sich, welche Rolle der Klassiker in der Gemeinschaft spielt: Bezogen auf die Gesamtgesellschaft wird man die Rezeptions-Gemeinschaften als gesellschaftliches Subsystem verstehen müssen, mit je eigener Kultur; dies bedeutet angesichts der Aufteilung der Gesellschaft in viele größere und kleinere Subsysteme, daß es Klassiker verschiedenen Grades gibt, d.h. verschiedener Verbreitung: je nach Größe der Gemeinschaft, die den Klassiker rezipiert, d.h. aber ihn *trägt*. Trägt eine Gemeinschaft einen Klassiker, so sind sich alle über ihn einig: d.h. Klassiker sind Umschreibungen für *Konsense* innerhalb einer Gemeinschaft, innerhalb eines bestimmten Subsystems (mit) einer bestimmten Subkultur: Klassiker sind also die personalen Symbolisierungen bestimmter, für die in Frage stehende Gemeinschaft grundlegender und wichtiger *Konsense*: Sie wiederum haben die Aufgabe, die Gemeinschaft von der immer neuen Thematisierung der konsentierten Position zu entlasten[112]: Dies geschieht, funktional-äquivalent, entweder durch Erwähnung der konsentierten Position (Beispiel: „ich bin für Gewaltenteilung") oder durch die plakative Erwähnung der personalen Symbolfigur („ich folge hier *Montesquieu*"): Klassiker und Klassisches sind also nicht zu trennen.

Wenn Klassikerbezugnahmen Konsensthematisierungen sind, so bedeutet das weiter: Es handelt sich hier nicht um die Anschneidung eines Sachthemas, sondern um die Thematisierung eines Wertes: Dieses ist der neue „Aggregatzustand", der durch die „Klassifizierung" eines Autors oder auch eines Künstlers entsteht: Er ist die Personifikation einer Wertorientierung, eines Wertkonsenses, eines Wertmaßstabes. Damit gelten für Klassikerbezüge all die Einschränkungen, Kritikpunkte, aber auch die Positiva, die für Wertargumente formuliert wor-

---

[111] Wie dies bei der Verwendung von *Marx/Engels/Lenin* in sozialistischen Ländern der Fall ist, was dann die Lösung der Probleme der Gegenwart erschwert: so lassen sich z.B. die Probleme, die sozialistische Systeme mit der Umweltverschmutzung haben, *unter anderem* darauf zurückführen, daß *Marx/ Engels* Boden und Natur nicht als Produktivkräfte und damit als pflege- und erneuerungsbedürftig begriffen: so verhinderte der ideologische/klassische Raster hier das rechtzeitige Erkennen eines Problems.

[112] S. dazu für das Paradigma in der Wissenschaftlergemeinschaft *T. S. Kuhn*, Anm. 25, S. 175; s. a. S. 210: Klassiker: Paradigmen als „erlernte Ähnlichkeiten" im Erkenntnisprozeß.

den sind: Klassiker insofern als weiteres „Arkanum" der Verfassungsinterpretation. Klassikerbezugnahmen *ohne* nachfolgende Sachargumente ergeben also ein Legitimitätsminus: Spiegelbildlich zu *M. Krieles* besonderer Argumentationslast bei Kontinuitätsbrüchen ließe sich auch eine besondere *Argumentationslast* bei Klassikerzitaten fordern. Hiergegen mag man einwenden, daß Klassiker immer ambivalent sind, in ihren Positionen schillernd und vieldeutig, daß also daher Klassiker auch keine eindeutigen Konsense begründen können. Dies ist richtig und falsch zugleich: Wie Klassiker*schulen* zeigen[113] – die von Klassiker*gemeinschaften* zu unterscheiden sind –, lassen sich alle möglichen Positionen bei Klassikern finden: Dies ist notwendig damit verbunden, daß die Klassiker wegen ihrer Historizität Probleme weniger differenziert gesehen haben, als das in der jeweiligen Gegenwart wegen des Mehr an gesichertem Wissen möglich ist; dem entspricht allerdings eine gegenüber dem differenzierten Ansatz der jeweiligen Gegenwart umfassendere, wenn auch diffusere Thematisierung eines breiteren Problemspektrums: insofern sind Klassiker ambivalent. Diese Ambivalenz verlieren sie aber bei der Rezeption durch die von der Klassikerschule zu unterscheidenden Rezeptionsgemeinschaft. Gerade die „oberflächliche", verkürzte Beschäftigung mit dem Klassiker oder dem Klassischen reduziert die eigentlich ambivalente Position zu einer *konsensfähigen*.

Das Konzept der Rezeptionsgemeinschaft ist also für den Klassikerbegriff tragend[114]: Ein Klassiker entsteht durch Konsensbildung in einer

---

[113] Mit Klassiker*schulen* sind im Unterschied zu Klassiker*gemeinschaften* Gruppen gemeint, bei denen der Klassiker u. a. Gegenstand historischer Forschung ist: dies bedingt eine Auseinandersetzung mit im Unterschied zur reinen Bezugnahme auf den Klassiker und evtl. eine selektive Verwendung seiner Ergebnisse für Gegenwartsprobleme. Diese Möglichkeit der Selektion macht den Unterschied zum Klassiker als Konsens in der Rezipientengemeinschafft aus: s. in diesem Sinne als Beispiel etwa *Ule*, Anm. 96. – In diesem Sinne s. a. die Auseinandersetzung mit Klassikern wie *v. Mohl, Rousseau, v. Stein, Marx, Bodin, Hobbes, Platon, Kant, Hegel* im „Staat" in den Jahren 1970–1979 (Anm. 94).

[114] *Arnold Hauser*, Sozialgeschichte der Kunst und Literatur, 1974 (1953), unterwirft die griechischen Klassiker einer soziologischen Analyse. Auch die klassische Klassik erweist sich nicht als voraussetzungslos und somit auch nicht als zeitlos; vielmehr ist auch sie im Wechselspiel mit den verschiedenen sozialen Kräften entwickelt worden. Entsprechendes kann bei späteren klassischen und klassizistischen Epochen nachgewiesen werden (vgl. S. 364 ff.), vgl. S. 661 ebd.: „Der neue Klassizismus richtet sich, ebenso wie die Vorromantik, gegen die Frivolität und das Raffinement des Rokokos; beide sind von demselben bürgerlichen Lebensgefühl durchdrungen." ... „Der Klassizismus der Revolutionsperiode

Gemeinschaft, wobei sich seine Aussagen von Sachaussagen in der Zeitdimension zu Gemeinschaftssymbolen verändern; die Thematisierung eines Klassikers, d. h. eines Gemeinschaftskonsenses kann wiederum direkt handlungsrelevant oder auch positionsrelevant (für den Thematisierenden in Bezug auf seine Gemeinschaft) sein[115], was ebenso von der in Frage stehenden Handlung wie von dem spezifischen Normensystem der Gemeinschaft abhängt[116,117].

II. Das Problem des materialen Klassikerbegriffs

So wichtig die Betonung des Rezeptionsgedankens ist, er reicht nicht aus. Am Klassiker, am Klassischen muß noch mehr sein als nur die formale Rezeption, nämlich etwas Materiales, Objektives: Sonst könnte *jeder* zum Klassiker werden, wenn er nur eine entsprechende Rezeptionsgemeinschaft findet[118]. Daher folgen hier einige Überlegungen dazu, wie

---

ist von dem republikanisch-historischen Lebensideal des progressiven Bürgertums abhängig und bleibt diesem Ideal in allen seinen Äußerungen treu." –

[115] Letztlich im Sinne der Collectivity/Self Handlungsvariable von *Parsons;* nicht umsonst lehnte *Parsons* nach eingehender Überlegung die Handlungsorientierung traditional/rational als 6. Handlungsorientierungstyp ab: s. *T. Parsons/ E. Shils,* Toward a General Theory of Action, 6. Aufl. 1967, S. 76 ff. (90) und passim; in diesem Sinne kann ein Klassikerbezug eine Symbolisierung der eigenen Gruppenzugehörigkeit bzw. die Stigmatisierung eines anderen als gruppenfremd sein.

[116] So haben unterschiedliche Gemeinschaften unterschiedliche Normensysteme, die die Gemeinschaftsmitglieder befolgen müssen und die sich in den Rollenerwartungen der Umwelt manifestieren; man denke nur an die unterschiedlichen Erwartungen, die man an einen „Künstler" oder einen „Wissenschaftler" hat. Zum Normensystem der wissenschaftlichen Gemeinschaft (als relevant für die Bestimmung des verfassungsrechtlichen Wissenschaftsbegriffs) s. *A. Blankenagel,* Wissenschaftsfreiheit aus der Sicht der Wissenschaftssoziologie, AöR 105 (1980), S. 36 (61 ff.).

[117] Mit den beiden Kategorien Konsens und Gemeinschaft läßt sich eine stufenartige Typologie von Klassikern erarbeiten, z. B. Gesamtgesellschaft/*Kant* u. a., politisches System/*Montesquieu,* Subsysteme, Partikulargemeinschaften/ spezifische Klassiker – z. B. die *O. Mayer*-Zitate des BayVerfGH als Symbolisierungen des Festhaltens an einem Verwaltungsrecht bestimmten Typs. Hierzu gehört im übrigen auch, daß man die Klassiker anderer Gemeinschaften als – fremde – Klassiker anerkennt.

[118] Man stelle sich nur vor, daß *Stalin* seine Schrift: Marxismus und Fragen der Sprachwissenschaft (Moskau, 1950) früher geschrieben hätte: eine Klassifizierung hätte sich vielleicht trotz Entstalinisierung nicht vermeiden lassen (Beispiel: *J. Stalin,* Der Marxismus und die nationale und koloniale Frage, 1976; ursprgl.

zumindest für den Bereich der Staatslehre und damit jetzt des Verfassungslebens der Klassikerbegriff auch material zu fassen ist: Zwar werden Klassiker von ihren Gemeinschaften getragen, ebenso aber wie die Klassiker steht auch die Gemeinschaft in einer bestimmten sozialen Wirklichkeit[119]. Dies bedeutet zweierlei: Zum einen müssen die Klassiker in ihrer Zeit überzeugende Antworten auf anstehende soziale Probleme gegeben haben; zum anderen bedeutet es, daß auch nach der Zeit der Klassiker die Probleme, in schon durch die klassische Lösung abgewandelter Form, weiter in der sozialen Realität existierten und daß die Gemeinschaft oder Gesellschaft weiter in der *gleichen Richtung* an der Lösung der Probleme arbeitete.

Dies kann besonders deutlich an den Klassikern des modernen demokratischen Staates westlicher Prägung bis hin zum heutigen *Verfassungsstaat* demonstriert werden: Hier kreisen die Gedanken aller Klassiker, von *Bodin* und *Grotius* über *Locke, Montesquieu* und *Rousseau* bis hin zu *Burke*, um die gleichen, durch eine bestimmte soziale Entwicklung entstandenen Probleme: die Herausbildung einer effektiven politischen Zentralherrschaft, als Folge davon die Sicherung individueller Freiheiten gegen diesen Herrschaftsapparat (Gewaltenteilung, Grundrechte), und dann, nach der industriellen Revolution, eine entsprechende Antwort auf das Problem der Verteilung des gesellschaftlichen Reichtums, sowie, begleitend, die Frage, mit welchen Mitteln man die jeweiligen Ziele verwirklichen solle (*Burke*). Eben diese Problemkontinuität ist das materiale Element des Klassikerbegriffs im Verfassungsstaat.

1913). In diesem Sinne sind übrigens Klassikerwechsel vor allem in weltanschaulich kontrollierten Systemen interessante Anzeichen von Ideologiewechseln und damit manchmal Vorboten sozialen Wandels, s. dazu *T. Parsons*, The Social System, London, 1970, S. 345 ff., sowie *P. Berger/T. Luckmann*, Die gesellschaftliche Konstruktion der Wirklichkeit, 1971, S. 98 ff. (bes. 112 ff., 130 ff.) (zu Ideologiewechseln).

[119] Womit allerdings nicht jene soziologischen Erkenntnisse verneint werden sollen, wonach Realität intersubjektiv hergestellt wird: für alle s. *A. Schütz*, Symbol, Reality and Society, Multiple Realities, in: *ders.*, Collected Papers I: The Problem of Social Reality, The Hague, 1973, S. 207 ff.

Dritter Teil
Geltungsweisen und Legitimation von Klassikertexten im Rahmen einer demokratischen Verfassungslehre

I. Der kulturwissenschaftliche Ansatz für Klassiker der politischen Theorie und des Verfassungsrechts

1. Allgemeines

Der im engeren Sinne „juristische" Ansatz vermag die Geltung von Klassikertexten nicht zu begründen. „Rechtsquelle" kann der Klassikertext nicht sein, demokratisch ist er nicht legitimiert, ein normativer Anspruch kommt ihm nicht zu. All dies unterscheidet ihn von der Verfassungsnorm und dem einfachen Gesetz. Im wahren Sinne des Wortes ist „tiefer" anzusetzen. Klassikertexte gelten als Teil und im Rahmen der Verfassungskultur eines Volkes; dem Zivilrechtler ist das Wort von der „Rechtskultur" vertraut. Dieser kulturelle Ansatz muß in Deutschland erst wieder begründet werden. Das Recht als Teil der Gesamtkultur zu sehen, neben der juristischen die kulturelle Geltungsweise zu erkennen bzw. zuzulassen, war einem *G. Radbruch*[120] noch Anliegen und wurde von *H. Heller* für die Staatslehre als „Kulturwissenschaft" gefordert[121]. Auch dürfte die von *G. Holstein* beobachtete und geforderte geisteswissenschaftliche bzw. -geschichtliche Wende des staatsrechtlichen Denkens[122] eine Art „Vorgeschichte" des hier geforderten kulturwissenschaftlichen Ansatzes sein. Auf der Berliner Staatsrechtslehrertagung 1979 schlug ich zur Erfassung der Einheit Deutschlands die Wiederbesinnung auf seine Inhalte als Kulturnation vor[123]; kulturspezifisch ist aber nicht nur beim Deutschland-Thema oder für die kommunale Selbstverwaltung zu arbeiten[124], sondern bei der Auslegung der meisten (grundlegenden) Rechtsnormen. Ein methodischer Weg zurück zum oft verschütteten kulturellen Erbe ist der Weg zu seinen herausragenden Kristallisationen – so z. B. den Klassikertexten.

---

[120] Nachweise in: *P. Häberle*, in: *ders.*, Kulturstaatlichkeit und Kulturverfassungsrecht, Darmstadt 1981, i. E.

[121] *H. Heller*, Staatslehre, 1934, S. 32 ff.

[122] *G. Holstein*, AöR N. F. 11 (1926), S. 1 (31 ff.); *ders.*, AöR N. F. 12 (1927), S. 187 ff., bes. S. 237, 244 f. S. auch *A. Hensel*, AöR N. F. 14 (1929), S. 321 ff. bes. S. 321, 324, 329, 331.

[123] VVDStRL 38 (1980), S. 114–117 (Diskussion).

[124] *P. Häberle*, Diskussionsbeitrag, in: VVDStRL 36 (1978), S. 356 f.; *ders.*, Kulturpolitik in der Stadt – ein Verfassungsauftrag, 1979.

Erst durch die Wiedergewinnung der Tiefe des geistig-kulturellen
Raumes eines Volkes und der Geschichte seiner Verfassungen, abstra-
hiert zum westlichen Verfassungstypus, wird es möglich, adäquat nach
der Geltungsweise von Klassikertexten zu fragen. Daran kann weder die
Lehre von der Volkssouveränität noch eine entsprechend „absolut"
verfahrende Demokratieideologie hindern. Denn die von einer „tabula
rasa" der Stunde Null ausgehende Lehre von der verfassunggebenden
Gewalt scheint mir widerlegt zu sein[125]. Das Volk steht nicht *gegen* die
Klassikertexte, es lebt kulturell *von* ihnen, bei aller Vieldeutigkeit und
Interpretationsbedürftigkeit.

Im geschichtlichen Werden des Verfassungsstaates sind es speziell die
Klassikertexte, die historisch-evolutionär neu auftauchende Probleme
zum ersten Mal thematisiert haben: Namen wie *Locke* und *Montesquieu*
oder *Kant* (Menschenwürde)[126] stehen für die Sache. Bei diesen Thema-
tisierungen handelt es sich z. T. um „ewige" Probleme, die Konstanten
„jenseits aller jeweils historischen Staatsform, damit aber auch jeder
historischen Staatsform sind"[127]: Im Verlaufe der neuzeitlichen Staaten-
bildung und Verfassungsentwicklung haben „unsere Klassiker" den
Rahmen für die Lösung solcher Probleme gesetzt, der dann in unserer
Verfassungsentwicklung konkretisiert wurde. Man denke an Art. 5
Abs. 2 und Art. 19 Abs. 1 S. 2 GG: Hier wirkt z. B. die „klassische"
Lehre vom „allgemeinen Gesetz" nach. In diesen Zusammenhängen ist
es für den Klassiker oder das Klassische charakteristisch, das Problem
zumindest genannt zu haben; die Lösung mag von ihm stammen, von
einem „Gegen"- oder „Alternativ-Klassiker": Beides ist nur Ausdruck
der Tatsache, daß Klassikertexte zur kulturellen Ambiance eines Verfassungsstaates gehören, damit aber auch, da die kulturelle Ambiance
gleichzeitig der Inhalt des Verfassungsstaates ist, zu seiner Substanz.
Denkt man dies weiter, so bietet sich für den Verfassungsjuristen

---

[125] Dazu mein Versuch: Verfassungsinterpretation und Verfassunggebung
(1978), in: *ders.,* Anm. 15 (1978), S. 182 ff.

[126] Dazu *P. Häberle,* Menschenwürde und Verfassung am Beispiel von Art. 2
Abs. 1 Verf. Griechenland, in: Rechtstheorie 1980, S. 389 ff.

[127] Bemerkenswert: *F. Wieacker,* Das Sozialmodell der klassischen Privatgesetz-
bücher und die Entwicklung der modernen Gesellschaft, 1953, S. 26: „Es gibt
keinen der tragenden Grundgedanken unserer Rechtskultur, auch nicht in den
öffentlich- und sialrechtlichen Neubildungen, dessen Grundmodelle nicht in
dieser römisch-naturrechtlichen Rechtskultur schon seit ihren ersten Jahrhunder-
ten immer wieder durchdacht und geformt worden wären, sei es auch unter
anderem Namen ..." –

zusätzlich noch ein Umkehrschluß an: Ebenso, wie Klassiker für Problembenennungen stehen, kann man anhand von Klassikertexten auch Grundprobleme bestimmen. Zu den Klassikern zählen aber in diesem Sinne nicht nur die Staatstheoretiker und Verfassungstheoretiker, sondern auch die Klassiker aus Literatur und Kunst: Sind sie doch ebenso ein – und nicht der unwichtigste – Teil der kulturellen Ambiance.

Da dies den Juristen seltsam anmuten mag, sei an einem sehr persönlichen Beispiel deutlich gemacht, wie sehr nichtjuristische Klassiker bei der Lösung juristischer Fragen helfen können: Ich denke an *Sophokles'* Antigone, die in Deutschland im Herbst 1977 unversehens Orientierungsbild wurde: im Streit um die Art der Beerdigung von Mitgliedern der Baader-Meinhof-Bande auf dem Stuttgarter Hauptfriedhof in der Nähe des Grabes von *T. Heuss,* des ersten Präsidenten unserer Republik. Die sich politisch und juristisch zuspitzende Streitfrage entschied Oberbürgermeister *M. Rommel* letztlich mit Hilfe der griechischen Klassiker: Baader-Meinhof wurden bürgerlich beerdigt „wie jeder andere auch". Sie behielten ihre Menschenwürde, auch sie wurden staatlich (hier von der Stadt Stuttgart) geschützt, selbst gegenüber dem zunächst verständlichen Zorn der Bürgeröffentlichkeit als Teil der Gesellschaft. Der Fall ist zugleich ein Beispiel für die „Nachwirkung" der Menschenwürde über den Tod hinaus.

2. Insbesondere: Die Orientierung auf den Menschen und auf die Erfahrung

Verfassungen geht es um den *Menschen*; sie verfassen ihn, sie haben sein Denken und Handeln je immer schon geprägt, so unterbrochen, sprunghaft und revolutionär der Entwicklungsgang von den „Alten" bis hin zur heutigen verfassungsstaatlichen Verfassung westlicher Demokratien auch sein mag. Kennzeichen unserer Zeit ist eine differenzierende, spezialisierende, segmentierende Betrachtungsweise, bei der eben wegen dieses Fortschritts im speziellen, im Einzelwissen der große Überblick vielleicht oft verloren geht: Man denke nur an das fruchtbare Konzept der „Rolle" aus der Soziologie, das, bei allen gegenteiligen Intentionen derer, die es entwickelt haben, immer wieder dazu verführt, „den Menschen" aus den Augen zu verlieren. Gerade hier hilft der Rückgriff auf die Klassiker, die in ihrem Vorgriff auf die heutige Anthropologie sich immer wieder um umfassende Aussagen bemüht

---

[128] Vom Geist der Gesetze (Reclam 1976), Vorwort, S. 89: „Zunächst habe ich die Menschen erforscht"; vgl. z. B. zur „Erziehung": 4. Buch, S. 130 ff.

haben: Man denke nur an entsprechende Passagen bei *Montesquieu*[128], bei *J. S. Mill*[129], bei *T. Hobbes*[130] oder bei *W. v. Humboldt*[131]. In diesem Sinne sind Klassikertexte unser „kollektives Gedächtnis"[132], in dem wir auch jene Erfahrungen gespeichert haben, die uns helfen, die Schattenseiten des wissensmäßigen Fortschrittes bis zu einem gewissen Grad wieder aufzufangen.

Denken wir diesen Ansatz konkret weiter, so erhalten wir aus den inhaltlichen Schwerpunkten der Klassikertexte Hinweise für „verlorene" Probleme: Die Gedanken der Klassiker kreisen vor allem um „Erziehung"[133], um „Tugend"[134], um Modelle der politischen Philosophie

---

[129] Über die Freiheit (Reclam 1974), 1. Kap., S. 22: „Hang des Menschen"; 3. Kap., S. 80: „Grundzug im menschlichen Wesen, Erfahrungen zu nutzen und auszulegen", S. 82: „Menschliche Natur".

[130] *Leviathan* (Reclam 1976), 13. Kap.: „Die Natur hat die Menschen..."

[131] Ideen zu einem Versuch, die Grenzen der Wirksamkeit des Staates zu bestimmen, (Reclam 1978), S. 193: „Natur des Menschen"; weitere Belegstellen zur Erziehung: bei *v. Humboldt*, a. a. O., S. 17, 66 ff.; bei *Mill*, a. a. O., S. 79, 104 f., 144 f.

[132] Zu fragen ist, ob nicht Charakteristikum eines Klassikers seine übereinzelvolkliche Qualität, seine internationale Bedeutung – jedenfalls im Rahmen eines großen Kulturkreises – ist, umgekehrt das Merkmal eines Klassikers gerade seine Anerkennung außerhalb seines Volkes ist. Die „Zeitlosigkeit" ist ja in Wahrheit die Aktualität des Klassikers unter verschiedenen historischen und/ oder gesellschaftlichen Bedingungen – und damit ihr internationaler Charakter. Auch daran wird der Unterschied zwischen den philosophisch-theoretischen „Groß-Klassikern" und den „juristischen", d. h. häufig auf die nationale Rechtskultur beschränkten Klassikern einsichtig und nötig.

[133] So handelt *Montesquieu* im „Geist der Gesetze" sein 4. Buch (Anm. 128, S. 130 ff.) unter der Überschrift ab, „Daß die Gesetze der Erziehung den Regierungsprinzipien entsprechen müssen". S. besonders das 5. Kap. (ebd. S. 136): „Gerade die republikanische Regierung hat die Macht der Erziehung in vollem Umfang nötig". S. auch *Mill*, Über die Freiheit (Reclam 1974), 3. Kap., S. 78 f., 104, aber auch (kritisch gegenüber der staatlichen Erziehung): 5. Kap., S. 145 f.; bemerkenswert *v. Humboldt*, a. a. O., Einleitung (S. 17): „so ist z. B. Platons Republik, nach *Rousseaus* äußerst wahrer Bemerkung, mehr eine Erziehungs- als eine Staatsschrift" ... S. 18: „Die alten (Staaten) sorgten für die Kraft und Bildung der Menschen als Menschen, die neueren für seinen Wohlstand, seine Habe und seine Erwerbsfähigkeit". Radikal der Schlußsatz des VI. Kap. (S. 74): „Öffentliche Erziehung scheint mir ganz außerhalb der Schranken zu liegen, in welchen der Staat seine Wirksamkeit halten muß". S. auch *P. Häberle*, Bespr. von *H.-U. Evers*, Die Befugnis des Staates zur Festlegung von Erziehungszielen in der pluralistischen Gesellschaft, in: RdJB 1980, S. 368 ff. sowie *ders.*, Verfassungsprinzipien als Erziehungsziele, in: FS H. Huber, 1981 (i. E.).

[134] *Montesquieu*, a. a. O., 5. Kap., 2. Buch (S. 138): „Tugend ist in einer Repu-

von großer Tradition wie das des Gesellschaftsvertrages, das der grund-
rechtlichen Freiheiten, der „Vernunft". Bewußt sind uns von diesen
Problemen noch die beiden letzteren, verdrängt, verloren und weitgehend eliminiert dagegen sind in den modernen Staats- und Verfassungs-
lehren die Kategorien von „Erfahrung und Erziehung", von „Tugend
und Brauch", von „Sitte und Gewohnheit" – ohne daß sich spontan
beantworten ließe, was heute an die *Stelle* dieser herkömmlichen kulturellen Bestandteile klassischer Werke über den Staat und die Freiheit
getreten ist.

Dies bedeutet: Wir müssen versuchen, uns die Erfahrung[135] der Klassiker zunutze zu machen, und zwar nicht nur ihre Erfahrung mit bestimmten
Problemen, sondern auch ihre Erfahrung mit der Erfahrung. Vielfältig
sind die Stellen, in denen bei Klassikern aus Erfahrung argumentiert
wird – Belege finden sich, um nur zwei Klassiker zu nennen, bei *Montesquieu*[136] und *Mill*[137]. Diese Verwendung von Erfahrung, dieser erfah-
rungswissenschaftliche Ansatz, etwa zur Anfälligkeit des Menschen für
Machtmißbrauch[138], hebt die Texte der Klassiker in einen eigenen Rang:
ihr Zitat ist kein bloßes Zierat[139].

Wie die Erfahrung der Klassiker mit spezifischen Problemen genutzt
werden kann und genutzt werden sollte, wurde schon angedeutet: Wir
müssen uns fragen, welche Probleme sie benannt haben, ob und wie wir
diese Probleme in unsere heutige Sprache übersetzt haben, vor allem
aber, ob die Übersetzung umfassend ist! Es geht also nicht um eine
unkritische Wiedereinsetzung der „Erziehung", der „Tugend" usw. Es

---

blik eine sehr einfache Sache: sie ist eben Liebe zur Republik". Ähnliches ließe
sich wohl auch für Begriffe wie „Natur", für die Rolle der Sprache etc. nach-
weisen.

[135] Vgl. bereits *P. Häberle*, Anm. 15 (1978), S. 121 (138 ff.).

[136] Vom Geist der Gesetze (Reclam, 1976), XI. Buch, 4. Kap., S. 221: „Eine
ewige Erfahrung lehrt jedoch"...

[137] Über die Freiheit (Reclam 1974), 2. Kap., S. 30 f., 59; 3. Kap., S. 80 mit
deutlicher Relativierung ehemaliger Wahrheiten (S. 60, 80 f.).

[138] Vgl. *Montesquieu*, a. a. O., S. 211. – Sein Sinn für Maß z. B. S. 187 (VIII.
Buch, 8. Kap.), S. 183 (VIII. Buch, 3. Kap.), „Geist der Mäßigung": S. 391
(XXIX. Buch, 1. Kap.).

[139] Für den erfahrungswissenschaftlichen Ansatz ist zu unterscheiden: 1. Welche Autoren berufen sich ausdrücklich auf die Erfahrung als Erkenntnisquelle,
welche benutzen sie als Argument? – 2. In welchen Klassikertexten sind wesentliche positive oder negative Erfahrungen eingegangen, a priori oder a posteriori, so
daß der Jurist heute darauf zurückgreifen kann?

gab gewiß Gründe zur Reduzierung und Rationalisierung ihrer Bedeutung, zu ihrer Übersetzung in Begriffe wie „Emanzipation", „Freiheit
gegenüber dem Staat". Wichtig ist nur die Frage, ob unsere heutigen
Übersetzungen vollständig sind, ob wir nicht manches gänzlich verloren
oder gar bewußt ausgemerzt haben. Bei der Lösung dieser Frage ist der
„kritische Rationalismus" ein unverzichtbarer Filter[140]. Daß wir aber von
der umfassenden Sichtweise der Klassiker gar nichts lernen können, daß
manche vergessene Textstelle ihre kulturelle Aktualität zu Recht verloren hat, daß unsere neuzeitlichen Präzisierungen mit dem „alten" Topos
auf dem Forum einer demokratischen Verfassungslehre nicht zusammen-
gehen können, das ist noch lange keine ausgemachte Sache: Die Klassiker sind nicht „aus" dem Verfassungsleben, sondern stehen, bei entspre-
chender Offenheit des Interpreten, „im" Verfassungsleben an ihrem
Platz. Zu ihm gehört aber, daß Klassiker und ihre Erfahrungen interpretiert werden müssen: Denken ist nicht nur „Nach"-Denken; in diesem
Sinne sind Klassiker fortzuschreiben.

II. Klassikertexte als Verfassungstexte im weiteren Sinne

Waren die bisherigen Überlegungen allgemein-methodologisch, so
stellt sich jetzt die Frage, wie die „kulturelle Geltung" von Klassikertexten mit der positivrechtlich verordneten Bindung an Gesetz und Recht
(Art. 20 Abs. 3 GG) vereinbar ist. Wiederholt sei die *These*: Klassikertexte sind Verfassungstexte in einem *weiteren* Sinne; diese These ist
Korrelat der methodologischen Einbeziehung der Verfassungsinterpreten im weiteren Sinne, d. h. der Bürger, wie sie nach dem hier vertrete-
nen Verfassungs-, Demokratie- und Grundrechtsverständnis geboten
ist[141]. Die Ausdehnung – und Vertiefung – des Interpretationsgegenstan-
des „Verfassung" erfolgt jetzt in *sachlicher* Hinsicht: über den geschriebenen Verfassungstext hinaus in die raumzeitliche Tiefendimension der
Verfassungsgeschichte und -kultur. Klassikertexte sind in einem
anspruchsvollen Sinne des Wortes *„verfassende Texte"*; vielleicht in
einem anderen Sinne als das geschriebene Wort der Verfassung, aber
gewiß mit kaum geringerem Anspruch und weniger Wirkkraft.

---

[140] Zu einer frühen juristischen Rezeption s. *H. Albert*, Erkenntnis und Recht.
Die Jurisprudenz im Lichte des Kritizismus, in: Jb. für Rechtssoziologie und
Rechtstheorie 2, 1972, S. 80 ff. – sowie *P. Schwerdtner*, Rechtswissenschaft und
kritischer Rationalismus, in: Rechtstheorie 2 (1971), S. 67 ff., 224 ff.; *P. Häberle*,
VVDStRL 30 (1972), S. 43 (73).
[141] Dazu *P. Häberle*, Die offene Gesellschaft der Verfassungsinterpreten
(1975), in: *ders.*, Anm. 15 (1978), S. 155 ff.

Geschriebene Verfassungen sind naturgemäß auf Texte fixiert. Und doch sind diese Texte nur ein Teil dessen, was praktisch ausgelegt wird, sei es von den (Verfassungs-)Gerichten, sei es von den verfaßten Staatsorganen oder den Bürgern. Sie alle bedienen sich „Auslegungshilfen" „neben", „über", „vor" oder „nach" dem geschriebenen Verfassungstext, welche diesen zurücktreten, in einem neuen Licht erscheinen lassen oder doch so „tragen", daß der Normtext mehr als Haupt- denn als einziger Auslegungsgegenstand erscheint: Gemeint sind die *verfassungsstaatlichen* Klassikertexte.

Im einzelnen: Klassikertexte sind so sehr integrierender Bestandteil möglicher Verfassungsauslegung, daß sie als Verfassungstexte im *weiteren Sinne* zu gelten haben. Sie sind nicht nur Interpretationsmittel, sondern Interpretations*gegenstand.* Sie stellen den geschriebenen Verfassungstext in den zugehörigen übergreifenden Kultur- (Traditions)Zusammenhang[142]. So gesehen sind Klassikertexte nicht nur Konglomerat, sondern *„Materialien"* für das Grundgesetz.

Gemeinhin rechnet man zu den Materialien nur die Dokumente der unmittelbaren Entstehungsgeschichte, wie sie in den parlamentarischen Beratungen zum Ausdruck kommt. Auch jene „Materialien" beruhten allerdings auf „Material". Dieses Material, darunter auch und nicht zuletzt Klassikertexte, Klassisches, von klassischen – in inhaltlichem Sinne – Wertkonsensen geprägte Vorverständnisse bestimmen allein schon durch ihre historische und historisch gewordene Existenz die entstehenden Normtexte. Wenn das aber so ist – und daran ist nach dem ausgewerteten Material nicht zu zweifeln[143] –, so besteht kein Grund, mit dem Vorliegen des Normtextes die Möglichkeiten, die uns die differenzierte und vermittelte „bloß" kulturelle Geltung der Klassikertexte gewährt, aufzugeben. Diese liegt zum einen in der Benennung der Position (exemplarisch hier die Entscheidung für *Montesquieu*), zum anderen in der Ambivalenz: Der Verfassunggeber wie auch der Verfassungsinterpret können Klassikertexte als Teil der kulturellen Basis der

---

[142] Das Recht als Kulturerscheinung ist Teil einer Gesamtkultur, in der eben auch Klassikertexte „gelten". Was ist aber die Differenz ihrer „Geltung" im Vergleich mit der jeweiligen juristischen Dogmatik? Jedenfalls sind viele Nichtjuristen – Dichter, Philosophen – negativ oder auch positiv angeregt durch die Rechtswirklichkeit ihrer Zeit; sie verarbeiten sie auf ihre Weise; der Jurist sollte sich darüber Gedanken machen, wie er diese Verarbeitung seinerseits sinnvoll nutzt und nutzen darf.

[143] S. dazu die Analyse der Beratungen des Parlamentarischen Rats, Anm. 59 ff.

Verfassung unterschiedlich aktualisieren. So kann z. B. bald *Rousseau,* bald *Montesquieu* im Vordergrund stehen. Ebenso hat die Verfassungspolitik die Möglichkeit, aus den Modellen und Entwürfen, aus positiven und negativen Erfahrungen der und mit den Klassikern zu leben, auch dort, wo diese polemisch gegeneinander argumentieren.

Zusammengefaßt: Normtexte wie Literaturtexte bilden ein – kulturelles – Ensemble, das erst im ganzen die „wahre" Verfassung eines Landes ausmacht. Dabei ist diese Wiederbesinnung auf Grundlagentexte des Verfassungsstaates kein Selbstzweck. Der Weg zurück dient dem Weg nach vorn. Am Anfang des Verfassungsstaates standen Texte großer Schriftsteller, nicht Texte geschriebener Verfassungen. Was liegt also näher, als sich bei der Fortentwicklung der Verfassung auf diese Grundlagentexte als „Urtexte" zu besinnen. Nicht als jene Autorität kanonischer Zitierpraktiken, die die Aussagen von Personen kritiklos übernehmen (und damit den Fokus und das Bewußtsein verarmen lassen), sondern als mögliche Anreger für die Ermittlung von Impulsen (und „Modellen" für Gegenwart und Zukunft). Dazu nur ein Beispiel: Auf die Gedanken der klassischen Theoretiker des bürgerlichen Staates haben sich, bei allen Unterschieden, so unterschiedliche Verfassunggeber wie die USA, Frankreich oder die Bundesrepublik Deutschland berufen. Dies bedeutet aber auch, daß bei aller Eigenentwicklung, bei aller Polemik, bei allen Besonderheiten je nach Nation sich hier eine gemeineuropäische Verfassungsstaattradition herausbildet, die von der Summe der verfaßten Gemeinwesen getragen wird[144]. Vergangenheit *und* Zukunft sind in diesem Sinne auch über die Klassiker in der Gegenwart angelegt.

1. Die Relevanz von Klassikertexten für die (Verfassungsrechts-) Wissenschaft

Die Bestandsaufnahme hat gezeigt, daß Klassikertexte und Klassiker in allen möglichen Zusammenhängen bei der Auslegung des Grundge-

---

[144] Gewiß mag die Berufung auf *Rousseau* in Frankreich noch mehr „zünden" als in Deutschland der Hinweis auf *Montesquieu,* man denke an *Carré de Malbergs* „La loi l'expression de la volonté generale" (1921) oder *E. Lamberts* „Le gouvernment des juges" (1931). Ähnlich in den USA, wo z. B. die „Federalist Papers" solch ein Hintergrund sind; s. z. B. *K. v. Oppen-Rundstedt,* Die Interpretation der amerikanischen Verfassung im Federalist, 1970. – *E. Fraenkel,* Das amerikanische Regierungssystem, 3. Aufl. 1976; in der BR Deutschland wäre vielleicht *R. Smend* ein solcher Rang einzuräumen, vgl. Anm. 85.

setzes „beschworen" werden: Meist punktuell, manchmal „diffus" und oft nicht hinterfragt; ja, manche Bezugnahme erschien gar eher „bildungsorientiert" als verfassungsorientiert. Insgesamt aber vermögen solche vordergründigen Erklärungen nicht zu befriedigen: Es stellt sich die Frage nach einer sachlichen und auch methodischen Legitimation der Verwendung von Klassikertexten.

Klassikertexte sind keine Dogmatik i. S. eines *Maunz/Dürig/Herzog/ Scholz*. Ihre „Geltung" ist nicht sanktioniert. Doch ergänzen oder „tragen", begründen oder relativieren sie die Verfassungstexte des bzw. der historischen Verfassungsgeber. Verfassungsrechtssätze sind interpretationsfähig und interpretationsbedürftig. Verfassungsauslegung ist ohne „nach rechts oder links" und vor allem „ohne hinter den Verfassungstext zu sehen", nicht möglich[145]. Strukturell wird der Typus verfassungsstaatliche Verfassung durch eine Vielzahl bestimmter Paradigmata „neben", „über" oder „unter" den Verfassungstexten konstituiert: etwa durch den Gesellschaftsvertrag und die Gewaltenteilung, die Volkssouveränität und die Menschenwürde, durch Repräsentation[146] und Partizipation[147]. Auch das Amt des unabhängigen Richters dürfte ein solches Paradigma sein[148]. Diese Paradigmata aber sind ihrerseits Konstrukte von Klassikern, von klassischen Denkern! Auf diese Konstrukte hat sich seinerzeit der Verfassunggeber oder die verfassunggebende Versammlung bezogen; (unsere) Klassiker bildeten das Vorverständnis unseres Verfassungsgebers. Hierin liegt die sachliche Legitimation der Verwendung von Klassikertexten: Die sachliche Legitimation ergibt sich aus dem Kulturzusammenhang der Verfassung.

Methodisch ist diese Legitimation im Historischen anzusiedeln: sie liegt im *Entstehungsgeschichtlichen*. Auch das Grundgesetz ist nicht „aus sich selbst" geworden. Es hat Vorgeschichte; Teil der Vorgeschichte sind auch klassische Texte, in die es eingebunden ist. An einzelnen Bestimmungen läßt sich dies markant ablesen. An der Volkssouveränität (Art. 20), an der Allgemeinheit des Gesetzes (Art. 19 Abs. 1, 5

---

[145] Vgl. die Parallele in *E. Staigers* Interpretationsverständnis: Die Kunst der Interpretation, 4. Aufl. 1977, S. 7.
[146] Dazu umfassend: *H. Hofmann*, Repräsentation, 1974.
[147] Vgl. *W. Schmitt Glaeser*, VVDStRL 31 (1973), S. 179 ff.
[148] Vgl. etwa *R. Smend*, Das Bundesverfassungsgericht (1962), in: ders., Anm. 48, S. 581 ff. – S. auch *F. Werner*, Das Problem des Richterstaates, in: *ders.*, Anm. 29, S. 176 ff.; *K. Eichenberger*, Die richtliche Unabhängigkeit als staatsrechtliches Problem, 1960.

Abs. 2), an der Gewaltenteilung (Art. 20 Abs. 2). Dies soll allerdings nicht die berechtigte Kritik an der historischen Auslegungsmethode relativieren[149]. Denn: Die Enge der historischen Auslegung, fixiert auf die „Väter" der Verfassung (oder eines sonstigen Gesetzes) wird gerade dadurch transzendiert, daß eine auch klassikerorientierte Auslegung den Gesetzestext in einen allgemein-kulturellen historischen Zusammenhang stellt und nicht bei der konkret historischen Gesetzgebungssituation stehen bleibt.

All dies darf natürlich nicht dazu führen, daß die klassischen Texte den Weg in die Zukunft versperren, das „Möglichkeitsdenken" abschneiden, Reformen ausschließen. Jedoch mit diesen Einschränkungen plädiere ich für einen überlegteren Rückgriff auf nicht positiv-rechtlich normierte Texte, deren Inhalt oft ergiebiger, deren normative Kraft oft größer ist als die mancher „positiver" Verfassungstexte: Denn auch die Verfassungstexte leben im Kontext der Klassiker kulturspezifisch. Ja, bis zu einem gewissen Grade mag man sagen: *Verfassungen vergehen, Klassikertexte bestehen!*

2. Klassikertexte in der offenen Gesellschaft der Verfassungsinterpreten

Mit dieser Zuordnung zu einer (recht verstandenen) historischen Auslegung ist die Bedeutung der Klassiker im Verfassungsleben allerdings noch nicht erschöpft. Es wurde eingangs schon gesagt, daß mit diesem Vortrag jener interpretationstheoretische Ansatz, der die Verfassungsinterpretation in der personalen Dimension um alle Bürger erweitern will, hier fortgedacht wird: Es geht um die Erweiterung der Verfassungsinterpretation in *sachlicher* Hinsicht. Die Einbeziehung der Verfassungsinterpreten im weiteren Sinne in den Vorgang der Verfassungsinterpretation einerseits und die Erweiterung des Gegenstandes der Verfassungsinterpretation um andere (klassische) Texte über den „normierten", positiven Verfassungstext hinaus andererseits ergänzen sich. Erst in ihrem *Zusammenwirken* wird das ganze Feld der „wirklichen Verfassung" greifbar[150]. Ein Problem bei der personalen Erweiterung

---

[149] Dazu kritisch *H. Ehmke*, VVDStRL 20 (1963), S. 52 (57 ff.); s. aber auch *Chr. Starck*, VVDStRL 34 (1976), S. 43 (72). – *P. Häberle*, Zeit und Verfassung (1974), in: *ders.*, Anm. 15 (1978), S. 76, 78.

[150] Schon im *Sprachstil* von Verfassungstexten in engeren Sinne, d. h. von Verfassungsnormtexten, läßt sich zeigen, daß sie aus Prozessen der Mitwirkung von Verfassunggebern im engeren *und* weiteren Sinne hervorgegangen sind und beide zum Gegenstand haben, vor allem aber: daß das Fachlich-Juristische nur ein

der Verfassungsinterpretation waren allerdings (und sind) immer die juristischen Texte, die dem Verfassungsinterpreten im weiteren Sinne wegen ihrer Abstraktheit und Vieldeutigkeit nur schwer, wenn überhaupt zugänglich sind. Eben aber eine Möglichkeit dieses Zugangs sind die Klassikertexte: Sie bilden das gemeinsame Vorverständnis von Verfassunggeber, Verfassungsinterpret im engeren Sinne und Verfassungsinterpret im weiteren Sinne. Eben weil sie Teil der Kultur sind, weil die klassischen Paradigmata in der kulturellen Rezeption im Laufe der Zeit vom wissenschaftlichen Wissen[151] zum Allgemeinwissen wurden, ist hier einer der Pfade, der für den Bürger zur Verfassungsinterpretation führt. Bei dieser Sicht ist das Studium eines *Locke* nicht Selbstzweck „Gebildeter", sondern ein Stück Arbeit an der lebenden Verfassung. Schließlich haben Denkmodelle dieses Autors den Verfassungsstaat besonders geprägt: Man nehme die *Locke*-Stelle aus „Two Treatieses on Government", die bis in die Details hinein im Grundgesetz ihre Spuren hinterlassen hat[152].

Teilaspekt ist. Die *Verwissenschaftlichung* der Sprache ist in Verfassungsnormtexten nur begrenzt, nicht vollständig. Gewiß, manche Partien einer geschriebenen Verfassung sind vom juristischen Fachmann für den juristischen Fachmann; doch gibt es andere: sie lassen die „Handschrift" der Klassiker erkennen (vgl. Art. 20 Abs. 2 S. 1 GG). Diese Mischverhältnisse von juristischer Kunst- bzw. Fachsprache und Sprache der und für die mündigen Bürger ist bei Verfassungen sachgerecht. Sie wenden sich an beide und stammen von beiden. Die oft übergroßen Kommunikationsschwierigkeiten zwischen juristischer Fachsprache und Alltagssprache, zwischen der Expertensprache und der Gemeinsprache müssen sich für die Verfassung des Gemeinwesens möglichst reduzieren lassen. Spracherziehung hat hier einen doppelten Aspekt: Der Bürger muß zur Sprache seiner Verfassung erzogen werden und der Verfassungs-Jurist muß immer wieder um die Sprache kämpfen. „Allgemeinverständlichkeit" hat hier einen sehr wörtlichen Sinn. – Zum Gebot für den Wissenschaftler, seine Schriften so zu verfassen, daß nicht nur der Fachkollege angesprochen ist, z. B. *E. Staiger*, Anm. 145, S. 21 f.

[151] Ein Sonderproblem ist die Frage, ob Staatstheoretiker wie *Montesquieu* oder *Rousseau* als „Wissenschaftler" gelten können, wenn ja, was sie gleichwohl von „Staatsrechtslehrern" unterscheidet. Ist es der „große Wurf", das Übermaß an schöpferischer Phantasie, die Sprache?, sind es andere Faktoren ihres „Mehrwerts"? Wissenschaftler sind sie allemal. Der Jurist ist nur im Bannkreis seiner juristischen Methoden stärker auf den konkreten Verfassungsrechtstext fixiert als der Staats- und Verfassungstheoretiker, in seinen Grundlagen ist er von jenen „Alten" aber gerade nicht unabhängig.

[152] § 142: „Dies sind die Grenzen, die der *legislativen* Gewalt *eines jeden Staates gesetzt sind...*" (zit. nach Suhrkamp Taschenbuch Wissenschaft, Ausgabe 1977, S. 290 f. (hrsg. von *W. Euchner*)).

Die Verfassungsinterpreten im weiteren Sinne können „ihren" Beitrag über die Klassikertexte einbringen. Als Nichtjuristen sind sie von vornherein nicht auf die im engeren Sinne juristischen Texte fixiert. „Lesefurcht" hat hier einen Sinn. Im Lichte dieses Ansatzes erschließt sich auch für die anderen Wissenschaften vom politischen Gemeinwesen ein neues Feld. Mit Recht wird etwa *Montesquieu* zum Gegenstand staatsbürgerlichen Unterrichts und der Erwachsenenbildung zu machen sein und nicht *Maunz/Dürig/Herzog/Scholz* als Spitzenkommentar des Fachs (was nicht besagen soll, daß dieser Kommentar nicht einmal zu einem Klassiker werden könnte). Ein *Montesquieu*-Zitat, zur rechten Zeit in der politischen Kontroverse eingesetzt, kann mehr bewirken als das Lebenswerk eines juristischen Grundgesetzkommentators. MaW.: Die Verfassungsinterpreten im weiteren Sinne bringen zum Grundgesetz-Text ihre „Klassiker" ein wie der herkömmliche Verfassungsjurist seine Kommentarstelle. Erst das Zusammenwirken sachlicher Interpretationsvorgänge und personaler Interpreten stellt den Gesamtzusammenhang her, der Verfassung bildet und Staat macht[153].

III. Schluß: Gefahren und Bereicherung des Verfassungslebens durch Klassiker

1. Einwände und Gefahren

Kritiker werden fragen, wie es bei dieser „Wiederbelebung"[154] klassischer Texte um die *demokratische* Legitimation stehe.

Darauf ist mehrfaches zu erwidern: Zum einen lebt weder der Mensch noch die Verfassung von Demokratie allein. Demokratie ist ein Grundprinzip des Grundgesetzes, aber nicht alle seine Elemente sind demokratisch begründet und begründbar. Zum anderen: Demokratie ist vieldeutig[155], die Demokratievarianten sind zahlreich. Die hier zugrundegelegte „konstitutionelle Demokratie" ist eine mögliche Variante, zu deren Ausbildung im Verfassungsstaat viele Generationen und manche Klassiker Beiträge geleistet haben.

---

[153] In diesem Sinn rechtfertigt sich z. B. die Herausgabe von Dokumenten des Staatsdenkens von der Antike bis zur Gegenwart durch *R. Weber-Fas* (Hrsg.), Der Staat, 2 Bände, 1977.

[154] An sich ein falscher Ausdruck, denn die Texte leben ja schon! Ihr – nachgewiesenes – Leben ist jetzt nur theoretisch begründet.

[155] Vgl. *K. Hesse*, Anm. 100, S. 52 ff.

Ein denkbarer Einwand könnte die These sein, der Verfassungsnorm-
text werde unzulässig mediatisiert durch beliebige Einschübe, der
„Wille" des Verfassunggebers werde mißachtet, die „Bindung des Richters an Gesetz und Recht" in Frage gestellt. Indes gehört es zu den
neueren Erkenntnissen der Interpretationstheorien, daß Auslegung
nicht „an und für sich" allein im Gegenüber zum „nackten" Text
geschieht und geschehen kann. Mindestens als „Interpretations*hilfen*"
ist ein Umfeld als „Vorverständnis" bei der „Methodenwahl", soziale
Wirklichkeit usw. anerkannt. Dieses kulturelle Umfeld ist in der hier
entwickelten Sicht ehrlicher zugleich als *Gegenstand* der Auslegung
gesehen, andererseits um die Klassikertexte ergänzt, die freilich ihrerseits ein weiteres kulturelles „Umfeld" einbringen. Die sachliche
Anreicherung der Auslegung durch Klassikertexte ist ein bloßes Weiter-
Denken bisheriger Wege und Prozeduren[156].

Es bleiben noch genug Aufgaben: Die Aktualität und Anwendbarkeit
der einzelnen Klassiker auf unsere Situation, insbesondere unter der
Geltung des Grundgesetzes, ist zu begründen. „Unter" dem GG leben
heißt insofern „mit" den verfassungsstaatlichen Klassikern leben. Die
Klassiker müssen im Lichte des Grundgesetzes als Beispiel für eine
verfassungsstaatliche Verfassung *neu angeeignet*[157] werden. Der Gefahr
einer unausgewiesenen „Nebenverfassung" der Klassiker (oder noch
schlimmer: von mehreren, nach Bedarf zur Verfügung stehenden Neben-
verfassungen verschiedener Klassiker) ist durch präzise Argumentation
zu begegnen, die die Möglichkeiten einer bestimmten Anknüpfung an

---

[156] Ein Beispiel für die normierende Kraft (negativer) Erfahrungen liefert vor
allem das GG in seiner vielgestaltigen Reaktion auf Weimar. Sie begegnet in
Art. 1 Abs. 3 ebenso wie in Art. 19 Abs. 4, 67 GG usw.

[157] Treffend *Georg Lukacs*, Schriftsteller und Kritiker, in: *ders.*, Schriften zur
Literatursoziologie, 18. Aufl. 1970, S. 198–212 (209 f.): „Gerade auch in literari-
schen Fragen kann nur die historische Konkretheit eine Stütze für die richtige
Orientierung auf das Neue, auf das wirklich Fortschrittliche bieten. Diese historische Konkretheit geht aber in der akademischen Literaturgeschichte ebenso
verloren wie in der ‚avantgardistischen' Kritik. Ästhetizismus und Vulgärsoziolo-
gie (...) helfen gleicherweise bei ihrer Zerstörung. Der Akademismus verkennt in
der klassischen Literatur ihre Volkstümlichkeit, ihre Fortschrittlichkeit, die Ver-
bundenheit ihrer ästhetischen Probleme mit den tiefsten Fragen des gesellschaftlichen Lebens, der nationalen Vergangenheit, Gegenwart und Zukunft. Er macht
auf solcher Grundlage abstrakte Schemen aus den Klassikern, isoliert die äußer-
lichsten Elemente ihrer Ausdrucksweise (...) und die ebenso abstrakt entleerten
Teilmomente ihres Gehalts (...). Er stellt auf diese Weise die Klassiker als
Vogelscheuchen gegen jeden wirklichen Fortschritt in der Kunst auf."

grundgesetzliche Vorgaben herausarbeitet und zeigt, daß diese Anknüp-
fungen fruchtbar sind. Die geforderte Präzision einer solchen Aneignung
der Klassiker wird sich u. a. daran erweisen müssen, daß bestimmte
Klassiker mit ihren Positionen *ausgeschlossen* werden! Denn: wo alles
möglich ist, gilt nichts. Ein juristisch haltbarer Bezug von Verfassung
und Klassikern entgeht nur dann der Gefahr der unausgewiesenen
Substituierung der Verfassung durch Klassikerpositionen, wenn die
Heranziehung der Klassiker so von der Verfassung einerseits und der
aktuellen Problemsituation andererseits begründet wird, daß sie selektiv
unter den vielen Möglichkeiten des Klassikerbezugs wirkt. Eine solche
Begründung des Arbeitens mit ganz bestimmten Klassikern setzt die
umrissene materiale Theorie der Klassiker im Verfassungsstaat voraus.

Einige *Gefahren* seien angedeutet: Zu warnen ist davor, daß der Blick
auf Klassiker zum sog. „Nothing New under the Sun Approach" führt,
daß unter Berufung auf die Klassiker alle *gegenwärtigen* Leistungen
entwertet und nur als Neuaufguß klassischer Erkenntnisse gesehen
werden. Damit verschließt man sich einerseits Erkenntnissen heutiger
Zeit[158], andererseits läuft man Gefahr, die Erkenntnisse der Klassiker
unkritisch überzubewerten. Außerdem liegt, gerade im politischen
Bereich, die Gefahr des politischen Eskapismus nahe. Gegenüber den
Anforderungen und Stürmen der Zeit, die vielfach doch neuer und
eigener Natur sind, könnte man versucht sein, sich in die „wärmenden
Arme" der Klassiker zu flüchten, die einem beruhigend sagen, daß alles
schon einmal da gewesen war, daß es nur um die bekannten alten
Probleme gehe. Der „Nothing New under the Sun Approach" kann so
vielleicht als reduktiver Fehlschluß verstanden werden.

---

[158] S. auch *H. Kuhn*, Anm. 28, S. 126 ff.: Zu den Gefahren unhistorischer,
unkritischer Übernahme einer „klassischen Lösung". Das Klassische wirke wie
ein Vorbild in der strengen Bedeutung des Wortes. Auch das Vorbild gelte nicht
unmittelbar, sondern es „ergreife" und schaffe Haltung und Standpunkt, von wo
aus es beurteilt werden kann (S. 127). Die abschließenden Ausführungen sind
ohne weiteres auch für verfassungstheoretische Klassiker zu verwenden. Die
geistige Auseinandersetzung mit der Klassik falle mit voller Wucht ins Aufgaben-
gebiet des Erkennens. Es gebe ganz verschiedene Arten möglichen Verhaltens
zum Klassischen. „In ihrem Bereich liegt der prometheische Trotz der Auflehn-
ung, die inbrünstige Werbung des Jakobgebetes und die vertrauensvolle Unter-
werfung". Das Klassische bleibe ein historischer Begriff, „eingeschlossen in die
Grenzen, zwischen denen die erkennende Beschäftigung des Menschen mit seines-
gleichen sich abspielt" (S. 128).

Das Zutrauen in die (Sach)Autorität der Aussagen der Klassiker ist zu
begrenzen,
– weil auch die Klassiker nur irrende Menschen waren[159],
– weil es stets auch alternative Klassikerpositionen gibt und
– weil die Ausführungen der Klassiker immer historisch bedingt
waren[160], was immer auch Beschränktheit und Einseitigkeit heißt.
Freilich gilt diese zwangsläufige Beschränktheit auch für uns: Wir
haben auch nur ganz bestimmte Aspekte im Vordergrund der Aufmerksamkeit. Die Klassiker eröffnen uns die Möglichkeit, unsere Position zu
relativieren[161] durch die Beschäftigung mit Auffassungen, die prima vista
„nicht zeitgemäß" sind.

2. Vom Nutzen der Besinnung auf die Klassiker

Neben der analytischen Beobachtung, *daß* und *wie* „Klassikertexte"
zitiert, verwendet (und auch: ausgebeutet) werden und „Konjunktur"
haben, stellt sich die – auch für die Praxis von Verfassungsjuristen
bedeutsame – normative Frage, ob wir uns mit Klassikern beschäftigen

---

[159] Zu den Gefahren eines unkritischen Vertrauens in Autoritäten s. als
klassische (!) Position *Jeremy Bentham:* Benthams Handbook of Political Fallacies, ed. by *Harold A. Larrabee,* 1971 (zuerst 1824), S. 17 ff.: Fallacies of Autority;
s. auch ebd., S. 24: Es sei ungefährlich, wenn eine Autorität zitiert werde, um auf
eine Quelle relevanter Argumente hinzuweisen; „in a more complete or perspi-
cuous state than would otherwise be possible". Eine wichtige Probe für den
richtigen Umgang mit Klassikern liege darin, zu fragen, ob die Argumente an
Gewicht verlören, wenn sie von jemandem stammten, der völlig unbekannt sei.

[160] Eine historisch-kritische Beschäftigung mit Klassikern wird auch die verschiedene Rolle und Absicht berücksichtigen müssen, aus der heraus ihre Werke
entstanden sind. Bei ihrer Lektüre ist zu prüfen, ob ein Werk aus der Perspektive
eines historischen *Kissinger* geschrieben worden ist, aus der zurückgezogenen,
zeitenthobenen Perspektive des *Gelehrten* oder ob es um *Streitschriften* ging,
die in den aktuellen politischen Tageskampf eingreifen sollten. Für diese drei
Typen dürften *Macchiavelli, Rousseau* und *Burke* beispielhaft sein. Überhaupt ist
der Charakter der klassischen Schrift und deren Absicht immer mit in Rechnung
zu stellen: in propagandistischer Intention Geschriebenes unterscheidet sich von
philosophischer Grundsätzlichkeit und nicht unmittelbar absichtsgeprägter
Beschreibung anderer politischer Einheiten, vgl. z. B. *Sieyès, Hegel, Tocqueville.*

[161] Nicht vorbildlich ist ein kanonisierender Klassiker-Gebrauch, der – z. B.
Marx, Engels und *Lenin* – dogmatisiert oder gegen Kritik immunisiert – und damit
Klassiker ihrer Besonderheit beraubt: Klassiker sperren sich gegen wider-
spruchsfreie Systematisierungen, weil die Wirklichkeit widersprüchlich ist. Klas-
siker-Orthodoxien – ihr Anspruch beweist gerade das Gegenteil!

sollen und ob das keineswegs mehr Selbstverständliche empfehlenswert ist, wenn ja, warum.

1. Der Wert der Beschäftigung mit den Klassikern der politischen Theorie und des Verfassungsstaates liegt einmal darin, daß ein solches Studium als *Vor-Schule* für Verfassungs-Denken dient. Indem die politischen Philosophen die Vielfalt der staatlichen und verfassungstheoretischen Einzelphänomene ihrer Epoche auf Begriffe und Modelle gebracht haben, erleichtern sie durch diese Abstraktion dem späteren Betrachter das Verständnis elementarer verfassungsrechtlicher und -theoretischer Konstellationen i. w. S.[162]. Die Kenntnis der Klassiker des Verfassungslebens i. w. S. erleichtert das verfassungsjuristische Begreifen auch speziell der grundgesetzlichen Verfassungsordnung als Beispiel des Typus „Verfassungsstaat". Das GG steht im Kraftfeld von Klassikerpositionen. In der Juristenausbildung geht es durch Studium von Klassikertexten um eine *Propädeutik des Verfassungsrechts* und der *Verfassungstheorie*.

2. Die Kenntnis von Klassikertexten vermittelt aber mehr als nur Propädeutisches. Bestimmte verfassungsrechtliche *Kontroversen* heute lassen sich überhaupt nur bei vertiefter Kenntnis der ihnen zugrundeliegenden klassischen Theorie-Positionen angemessen begreifen und erklären.

Zwei Beispiele: Die heute unverändert aktuellen Kontroversen um das „klassische Grundrechtsverständnis"[163], um das Verhältnis von Staat und Gesellschaft[164], um den „verdrängten Ausnahmezustand"[165] beruhen auf Grundsatzdiskussionen, die – z. T. vermittelt über Weimarer Kontroversen – häufig unschwer auf Differenzen zwischen den Klassikern *John Locke* und *Thomas Hobbes* zurückzuführen sind. Ohne die Kenntnis

---

[162] Ähnlich für die politische Ideengeschichte als „Propädeutik der Gegenwartsanalyse": *W. Euchner*, Egoismus und Gemeinwohl. Studien zur Geschichte der bürgerlichen Philosophie, 1973, S. 9 ff. (41/42).

[163] Zuletzt einführend und zusammenfassend: *A. Bleckmann*, Anm. 100, bes. S. 155 ff.

[164] Dazu *W. Schmidt*, Die Entscheidungsfreiheit des Einzelnen zwischen staatlicher Herrschaft und gesellschaftlicher Macht, AöR 101 (1976), S. 24 ff.; *E.-W. Böckenförde* (Hrsg.), Staat und Gesellschaft, 1976.

[165] Vgl. *E.-W. Böckenförde*, Der verdrängte Ausnahmezustand, in: NJW 1978, S. 1881 ff. (1890) mit einem Hobbes-Zitat, das „auch hier seine Gültigkeit" behält, als abschließendem „Ausrufezeichen". Grundlegend zum Problem schon *K. Hesse*, Grundfragen einer verfassungsmäßigen Normierung des Ausnahmezustandes, JZ 1960, S. 105 ff.

spezifischer *Hobbes*-Rezeptionen durch rechtswissenschaftliche Schulen, die sich eher an der „Staatsraison" als an der „Verfassungsraison" orientieren, würden viele heutige Kontroversen unklarer erscheinen als sie sind.

Ein weiteres Beispiel ist die bekannte Parteienstaatsdoktrin von *G. Leibholz*[166] mit ihren Auswirkungen auf die Rechtsprechung des BVerfG (etwa zum Mandatsverlust beim Parteiverbot[167]): Sie läßt sich nur vor dem Hintergrund des klassischen, eher plebiszitär orientierten Demokratieverständnisses erklären, das parteienstaatlich modifiziert wird. Hier werden dem Grundgesetz Folgerungen übergestülpt, die klassische Kontroversen zulasten der konkurrenz- oder repräsentations- theoretisch orientierten angelsächsischen Tradition entscheiden, z. T. sogar durch Richterspruch: Die Auslegung von Art. 38 und 21 GG ist letztlich eine Frage der Harmonisierung von unterschiedlichen Klassiker- traditionen, vermittelt über die Interpretationsfigur der „Einheit der Verfassung"[168].

3. Die Besinnung auf Klassiker im Verfassungsleben hat schließlich eine dritte, *ideologiekritische Dimension.* Klassikertexte setzten Maß- stäbe für das – nicht unerreichbare, anzustrebende – Niveau der politi- schen und (verfassungs-)rechtlichen Kultur, die nicht verloren gehen dürfen. Dieser Maßstab der Verfassungsrechtskultur ist ambivalent. Hierzu zwei Beispiele:

Die Rückbesinnung nach 1945 auf Klassiker im Verfassungsleben, aber auch im Bereich der Politischen Wissenschaft durch Berufung auf die Klassische Lehre von der Politik[169], ist Ausdruck der Krise, in die das Selbstverständnis des demokratischen Verfassungsstaates nach der Erfahrung mit dem Nationalsozialismus und dem ersten Wiederaufbau der wirtschaflichen Existenz geraten war. Die Besinnung auf Klassiker scheint ein Krisensymptom in Zeiten verstärkter Orientierungslosigkeit und -bedürftigkeit zu sein, auch für die gegenwärtige Renaissance der Beschäftigung mit Klassikern. Positiv formuliert: Klassikertexte sind Fundgruben für ein Denken, dem der Zusammenhang von Erneuerung und Tradition gegenwärtig ist.

---

[166] *G. Leibholz*, Strukturprobleme der modernen Demokratie, 3. Aufl. 1967, S. 78 ff.

[167] Vgl. BVerfGE 2, 1 (72 ff.).

[168] Dazu *H. Ehmke*, VVDStRL 20 (1963), S. 77 f. im Anschluß an BVerfGE 1, 14 (32); zuletzt etwa E 49, 24 (56).

[169] Vgl. *H. Maier*, Anm. 38, *Hennis*, Anm. 38.

Der Anspruch der Klassiker an uns wird in seiner Aktualität heute an einem letzten Beispiel deutlich. Auf der Bonner Staatsrechtslehrertagung im Herbst 1978 entwickelte der Erstreferent als Maßstab für seine verfassungsrechtlichen Ausführungen vorinstitutionelle Prinzipien des Verfassungsstaates, besonders die *Freiheit von Angst*[170]. Kronzeugen waren Klassikertexte von *Tocqueville, Hobbes,* auch *Roosevelts* Erklärung von 1941. In der anschließenden Diskussion wurde diese Rückbesinnung z. T. kritisiert[171] mit der Tendenz, durch ein solches Prinzip könne die Verfassung nicht ausgelegt oder „angewendet" werden, es sei zu subjektiv und juristisch nicht sinnvoll verwendbar. Die Begründung jener These durch Klassikertexte kann und sollte derartige Kontroversen aber versachlichen und eher zur selbstkritischen Prüfung veranlassen, ob das fortgeschrittene verfassungsrechtliche Denken der Gegenwart nicht unversehens bewährte traditionelle Ansprüche des Verfassungsstaates aufzugeben droht; das könnte dann zur Reaktualisierung der Einsichten des aufgeklärten Bürgertums und seiner klassischen Theoretiker führen[172].

Klassikertexte formulieren Ansprüche an den Verfassungsstaat, die ein „schlechtes", aber auch ein „gutes" Gewissen der Bürger und ihrer Repräsentanten hervorrufen – und bilden – können; es ist kein Zufall, daß nur bestimmte Staaten Klassikertexte (von *Freud* bis *Marx*) verbieten oder gar verbrennen – solche nämlich, die sich der offenen Diskus-

---

[170] *E. Denninger,* in: VVDStRL 37 (1979), S. 7 (26 ff.).

[171] Vgl. die Diskussionsbeiträge in VVDStRL 37 (1979) von *H. P. Ipsen* (S. 129 f.), *J. Isensee* (S. 130 f.), *E. Grabitz* (S. 132 f.), *G. Roellecke* (S. 134), *Chr. Starck* (S. 141) und *H. Quaritsch* (S. 141 f. (142)); zustimmend aber *P. Häberle* (S. 126 ff. (127)), *Chr. Tomuschat* (S. 135), *H.-P. Schneider* (S. 136 ff.) und *H. Meyer* (S. 153 ff.).

[172] Einem *F. Werner* war dieser Zusammenhang noch gegenwärtig, vgl. den Nw. in Anm. 40, S. 28 ff. (bes. 32, 35, 36 f.); allerdings geht es nicht nur um die staatstheoretischen Klassiker im engeren Sinne, wie zwei Schiller-Zitate noch einmal eindringlich machen sollen: in aller Ambivalenz. *Maria Stuart*, 2. Aufzug, 3. Auftritt: „Nicht Stimmenmehrheit ist des Rechtes Probe"; *Demetrius,* 1. Auftritt, 1. Szene: „Mehrheit ist der Unsinn, Verstand ist nur bei wenigen stets gewesen." Zur Wiedereinführung s. *P. Häberle,* Das Mehrheitsprinzip als Strukturelement der freiheitlich-demokratischen Grundordnung (1977), in: *ders.,* Anm. 15 (1978), S. 565 (568), sowie *R. Stürner,* Schutz des Gerichtsverfahrens vor öffentlicher Einflußnahme, JZ 1978, S. 161 (168). Manche Probleme der Staats- und Verfassungslehre ließen sich sogar im Spiegel der klassischen Dichter vorläufig bis hin zu Brecht darstellen.

sion von Maßstäben der Klassiker nicht stellen wollen oder können. Das Studium der Klassikertexte – das ist die Besinnung auf die unverlierbaren Ansprüche an unseren Verfassungsstaat als eine ständige Aufgabe für uns alle.

www.ingramcontent.com/pod-product-compliance
Lightning Source LLC
Chambersburg PA
CBHW050653190326
41458CB00008B/2551